萊茵河哲學咖啡館

康德、黑格爾、馬克思、韋伯、
海德格、高達美、鄂蘭……的心靈地圖

蔡慶樺——著

CONTENTS

德國思想家

序

歡迎光臨萊茵河哲學咖啡館

這本談德國哲人的生命與思想之書，名為《萊茵河哲學咖啡館》，正因萊茵河是一條有關德國民族的命運之河。這條河曾經分隔開了日爾曼族與羅馬人，也曾經是德法相爭的戰略之河，德國人給了它一個別名「萊茵河父親」（Der Vater Rhein），可見這條河對德國民族的重要性。河畔，孕育出貝多芬，馬克思十七歲時在此成為大學新生，明朝前往中國傳教的耶穌會士湯若望從這裡出發，馬克思與恩格斯在此發行《新萊茵報》，也是描述萊茵河女妖羅蕾萊以歌聲誘惑著船隻的詩人海涅家鄉所在。歌德、荷爾德林、施萊格爾、海涅等德國文豪均迷戀著那萊茵河的父親。因此，我也希望，這本書如同萊茵河畔的一家咖啡館，介紹這個國家的深邃文化。推門進來的讀者們，能坐下來點一杯咖啡，聽聽已經坐在裡面的偉大的頭腦們聊聊幾百年來這個國家的精彩或者苦難。

這本書，是這幾年來的閱讀與思想習作，幾乎全與德國哲學或文學有關。哲學時常予人高不可攀之感，尤其德國哲人們，更有玄奧的「美名」，但是我眼中的這些人與他們的作品，確實充滿對生命的熱情。我希望透過一些故事與趣事，將這些思想者的影像立體化，讓有興趣的讀者也能感受到我所見到的理論的生命力。

哲學家費希特（Johann Gottlieb Fichte, 1762-1814）曾於一七九四年在耶拿大學對著青年學子與教授們演講，試著回答：學者的使命是什麼？學者與全體人類或與其他階層的關係是什麼？他認為，學者就是理性的存有者，能夠以理性思考把握世界，並且教導他人如何也以理性的方式思考並存在，演講內容後來出版為《關於學者使命的幾次演講》（*Einige Vorlesungen über die Bestimmung des Gelehrten*）。

我不是現代意義的以研究教學為業的學者，但也許我可以自稱是德文原始意義上的學者。**Gelehrten**，這個字是指受過學術訓練、擁有學術知識的人，《格林兄弟德文大字典》以 **doctus** 解釋，這個拉丁字與今日我們熟悉的博士學術頭銜不全然相同，最原始的意義是「受教導者」（**der lehre empfangen hat, unterrichtet ist**）。我也是受教者，本書的這些人們，是德文世界曾經存在的巨大精神，也都曾教導我以某種不一樣的視角重新認識世界。某種意義上，本書是在介紹我的老師們。

費希特的演講中有一句話：「我們不只以話語教導，我們以自身做為例子，以深刻的方式教導。」讓我以自身做為例子，說說我如何成為受教者。為什麼我會走上德國思想的道路呢？是宿命，也是巧合。

是巧合，因為我原來並不是學哲學的。大學我讀的是外交，因為修了西方政治思想史，發現自己對於理論思考極有興趣，便報考了政治大學政治學系碩士班，在讀碩士班時，原不知自己想寫什麼論文，當時「年輕的」孫善豪老師剛剛結束他留德十年生涯，從柏林自由大學回來，在系上報告了他留德時做的研究，我很是驚訝，從未以這些角度想過問題，便跟著孫老師開始讀德國思想，從此走上了這思想的冒險。

但是老實說，當時我雖然寫了一本論文，畢了業，但並未真的讀懂了德國思想裡最迷人的那些東西。主要的原因是我太過懶散，不肯學習德文，那些深藏在哲學家對語言的敏感中的微言大義，我無能體會。直到進了政大政治系博士班，分別獲得教育部與國科會的獎學金，兩度赴德國讀書，跟著波鴻大學的實踐哲學教授許維德勒（Walter Schweidler）學習思考，並認真地與這個哲學的語言周旋，開始能夠閱讀原文典籍，這才越來越能體會，德國思想裡的什麼東西把孫老師牽扯到了德國。那種東西，也把我牽引到了德國。

德文中深藏的思想造出了很強大的文化力量，使人陷入其中難以脫身，如德文 **aufsaugen**

一字意涵：吸納。我們這些如德國人說話者、如德國人思想者，也被德國人吸納進去。二〇一四年，法蘭克福大學慶祝建校一百週年，展出百年來該校學者之學術發現，主題展之名稱即為「我看見精彩的事物」（Ich sehe wunderbare Dinge），大約可以形容我被吸納入德意志思想之路的感嘆。

就這樣，我進入德文的世界，寫了一本研究德國思想的論文，卻不就這樣為這個旅程劃下終點。隨著進入外交部，我被派駐德國，再次開始我的德意志之旅。我並沒有因為工作而擱下思考的任務，這本書中的大部分文字，都是派駐德國期間寫下的，當時我時常在公餘時走入辦公室附近的法蘭克福大學，在圖書館內讀書寫作，想著那些法蘭克福學派的哲學家們也在此駐足，也許也翻閱過我手中那些書，便覺得自己站到了思想史的現場，必須寫下些什麼不可，必須告訴他人我所見的精彩的東西。於是在那些安靜的閱讀時光裡，有了此書。

哲學家維根斯坦（Ludwig Wittgenstein, 1889-1951）曾有名句：「我的語言之界限，即意指我的世界之界限。」我在德文世界中考掘，推開了世界之界限，這讀書、寫作、逾越、愉悅之過程，我心感幸福。盼打開這本書的你／妳，也有一段幸福的閱讀時光，因而世界有一點點不同。

歡迎光臨萊茵河哲學咖啡館，我在這裡等候已久了。

導言

什麼是德意志？一個德意志的疑問

華格納的問題

閱讀《德國文化關鍵詞》一書，始終面對這個問題：什麼是德意志？對德國人來說，這是一個幾百年來不斷被提出的問題，卻無人能定下一個最終答案。在德國歷史上許多重要文人與思想家都曾經直接或間接地試圖回答，以至於這個問題本身就充滿德意志色彩。尼采就在《善與惡的彼岸》（*Jenseits von Gut und Böse*）裡寫下這麼一句名言：「永遠不停止問『什麼是德意志？』這個問題，這正是德國人的特徵。」在這一點上，也許我們對於德國人的焦慮亦能同情，也因此更值得試著理解這個問題——我們與德國都對於自己的身分那麼疑惑、那麼渴求一個難以確定的答案。

即使沒有確定的答案，我還是想談談一個知名的德國文人如何試圖回答這個困難的問

華格納[1]

題。理查·華格納（Richard Wagner, 1813-1883），德意志帝國的作曲家，非常湊巧地與《德國文化關鍵詞》作者之一同名，也在該書中不斷出現。華格納曾試圖回答何謂德意志的問題，而且他的存在、高度與厚度也構成了答案的一部分。

Bayreuther Blätter.

Monatschrift
des Bayreuther Patronatvereines.

Unter Mitwirkung
RICHARD WAGNER'S
redigirt
von
HANS VON WOLZOGEN.

Vierter Jahrgang 1881.

《拜羅伊特月刊》[2]

華格納是重要的作曲家與指揮家，但是他也寫了非常多文字作品，主題遍及德國政治、文化、宗教、哲學、音樂理論等等。一八七八年，德國剛剛統一後幾年，華格納在《拜羅伊特月刊》（*Bayreuther Blätter*）上發表了一篇文章〈什麼是德意志？〉（Was ist deutsch?），試圖回答這個困難的問題。

《拜羅伊特月刊》一八七八年開始發行，是一份針對所有華格納之友的會員型刊物，內容不只音樂，也包括各種政治文化評論，其副標題是「華格納精神的德文期刊」（Deutsche

1 https://de.wikipedia.org/wiki/Datei:Richard_Wagner_by_Caesar_Willich_ca_1862.jpg
2 https://de.m.wikipedia.org/wiki/Datei:Bayreuther_Bl%C3%A4tter_1881_Titel.png

Zeitschrift im Geiste Richard Wagners）。在這份月刊中，華格納寫了幾十頁的長文，探索了這個與音樂無直接關係的問題，可見他對這個問題的重視程度。

華格納出生於一八一三年，那是歌德與黑格爾仍然活躍的時代，也是德國處於極大變動的時代。他年輕的時候經歷過拿破崙入侵德國、分裂了德意志大地；也經歷一八四八年那場不成功的起義，德意志大地上期待把法蘭西革命火種接來的農工及民主人士們終告失敗；不過政治上的落後並沒有妨礙德國在經濟與工業上的猛進，十九世紀中期德國工業化取得極大的發展，為後來普法戰爭的勝利與德國統一鋪好了道路。一八七二年德國統一，華格納也見證了這個德國人最重要的政治與文化時刻。一八七八年，晚年的音樂家便寫下〈什麼是德意志？〉，回首他經歷過的時代變遷，試圖定義德意志。

華格納的答案：在地、傳統、自由、非民主

開篇他先指出「德意志的」（deutsch）這個形容詞對德國人來說有著與其他國家不同的意義。別的國家的愛國者說到自己的國家民族時，會帶著敬畏與榮耀，例如會說「英國的、法國的美德」，可是一講到德國，德國人卻總是只習慣使用「德意志深沉」（deutsche Tiefe）、「德意志嚴謹」（deutschen Ernst）這種質性（Qualität），華格納認為這是誤用，要駁清此種印

象。

他引用了格林（Jakob Grimm, 1785-1863）*的說法，強調歷史上沒有所謂德意志民族這種民族，「德意志」（deutsch; diutisk）一開始只是指人民的、在地的，包括原始母語（Urmuttersprache）及原鄉（Urheimat），而德意志與「呈現意義」（deuten）有同一個字根，顯見德意志、在地、母語、家鄉、意義是相關聯的概念：「因此，『德意志』對我們來說，就是明確有意義的東西（deutlich），如可信賴的、我們所習慣的、從父輩從繼承而來的、從我們的大地上滋長出來的東西。」

可是在德國文化發展過程中，出現了與在地、特殊意義相悖的非德意志潮流，例如神聖羅馬帝國雖然後來由日耳曼人擔任皇帝，可是德國皇帝在接受羅馬的認可時，已經註定了拋棄其德意志本質（dem deutschen Wesen），以治理帝國領土內非德意志民族。在此意義上，羅馬奪去了德意志的權柄，而德國人雖然在神聖羅馬帝國國土內遷徙移居到各地，卻在不同文化及語言的地方始終被視為壓迫者及外來者而被憎恨著，只有當神聖羅馬帝國瓦解時，「真實的德意志本質才能真正發展起來」。

* —— 雅各布・格林，德國法學家、作家，和弟弟威廉合作搜集並編纂《格林童話》，即大家耳熟能詳的格林兄弟。

另一個非德意志潮流就是基督教文化。基督教內在與民族特質相悖離，沒有任何民族能夠獨佔基督教，對於德意志民族來說，這種宗教原來也是外來的、非德意志的，可是德國精神的特質在於，能夠以最高的、客觀的純然之看法，來掌握外來的、異文化的東西，並將這種異在的東西轉為自己的——因而基督教在德國成為德意志文化的核心，且若無德國人的貢獻，基督教文化的普世價值將無法被世人承認。華格納便稱，倘若沒有這種德國精神，古老的傳統的普遍世界性意義必將無法被認識，德國人使得純粹的人類文化的原初意義（Originalität）能夠被理解並重建延續。所謂古代（Antike），正是在十八世紀中期萊辛（Gotthold Ephraim Lessing, 1729-1781）*、歌德、文科爾曼（Johann Joachim Winckelmann, 1717-1768）*等德意志人的努力下，才可能在現代重生。

對華格納來說，德意志精神對世界文化的貢獻就在於，以德意志的方式保存並發揚了非德意志的價值。德國人在羅馬帝國領土內生存，失去了德國權柄，但仍一心嚮往著家鄉，不願始終作為一個異鄉人，而仍然堅持著德意志的精神。因此德國民族結合了兩種相異的特質：土地的／家鄉的／人民的，以及歐洲的／帝國的／世界的。在歐洲文明原初精神喪失時，德意志人以德語、詩歌維繫之，例如《帕西法爾》（*Parzival*）與《崔斯坦》（*Tristan*）這樣的德文詩歌中，使歐洲文化不再只是文學史探究的對象，而能獲得生命。

保存與維繫，是德國民族重視的價值。華格納舉了一個例子：德國許多城市建有堡壘，為了在城市剛剛興起時用來保護市民，可是在城市繁榮發展、有自治及捍衛自己的能力時，市民不再需要作為軍事用的堡壘，但並不會因此廢棄它，反而會維繫。他說：「德國人是保守的：德國人的豐富財產是來自一切時代的結果；他會保存，並知道善用這些老東西。對他來說，維持遠比獲得來得有價值：獲得的新東西只在對於老東西能夠增益時，才有價值。他不欲求外在的東西，但是他要求內在必須自由。」在這個定義下，德意志民族是真正的保守主義者——但不是今日慣用的對於「保守」的定義，而是對於傳統的保存。

另外華格納又強調德意志民族「內在的自由」，「沒有任何民族像德意志人那麼抵抗著對其內在自由與最本己的本質的干預」，而正是這種對於內在自由的堅持使德意志能夠熬過三十年戰爭的摧殘，維繫對於民族文化與語言等傳統的記憶。德國偉大的音樂家巴哈（Johann Sebastian Bach, 1685-1750）正是堅持其內在本質、不受外在干預的代表。當法國文化席捲歐洲時，巴哈反映了他那個時代的德國特質——枯燥、拘謹、學究——而竟然從這些特質創造出

* 萊辛，德國啟蒙運動時期最重要的作家和文藝理論家之一，對後來德語文學的發展有極其重要的影響。
* 文科爾曼，德國考古學家與藝術史學家，為考古學奠定了基礎。

令世人驚訝的德國音樂形式。巴哈所代表的德國精神是「潛入自我內在的能力，並從內在出發，清晰且有意義地觀看這個世界」。換言之，德國人與世界相處的方式是，從內在自由的保存，追求偉大價值的保存。

在華格納的德意志思考中，也缺少不了法國的角色。法國對於德國向來是探討何謂德意志的最佳對照組。在法國大革命之前，法國宮廷代表歐洲最高雅的文明，普魯士的腓特烈二世就非常景仰法國文化，他勤學法語，據說程度甚至比他的母語德語更佳，在他的著作全集中也有一半左右以法文寫成。他曾邀請法國啟蒙哲學家伏爾泰到普魯士宮廷奉為座上賓，討論文學及哲學問題，據伏爾泰傳記作者描述，腓特烈二世的德語是用來命令臣子與軍隊用的。可是在法國大革命後，普魯士宮廷裡的親法派消退，因為革命及共和民主對於德國，是一種必須戒慎恐懼的異文化。

華格納這個保守主義者不信任法國，也不信任共和國代表的民主，他看到的民主革命是一八四八年那場失敗的對於封建貴族發起的革命，他說，德國人向來對於所謂民主並不熟悉，那不是德國文化深層的東西，然而一夕間許多民主派人士卻打著人民的旗號，德國人就被他們陌生無比的價值所代言了。

華格納親身經歷了普法戰爭，他說正是在那個戰場上，催生出了「德意志精神」。他認為所有德國人都會折服於那場戰爭的「力量與決斷」。他也被委託創作音樂歌頌德軍的勝利，從前線回到柏林的德軍，迎接他們的《皇帝進行曲》（Kaisermarsch）正是華格納的音樂。

從華格納的德意志思考今日的德意志

華格納的這些對德意志特質的觀察，我們可以再從幾個角度細論：

一、德意志是既具有特殊性又具有普遍性的概念

德意志強調家鄉，卻又必須在羅馬帝國中、在基督教文化中，消解其德國本質，將特殊的東西推到普遍的領域去。這種看似矛盾、卻又能夠在德國精神中合理運作的特質，其實可以用哲學家黑格爾的一個難以翻譯的概念來形容：Aufhebung，中文世界會翻譯成揚棄，或者乾脆音譯為奧符赫變。這個字有以下意義：提升到更高處、保存、取消、結束等等，在黑格爾的思考脈絡下可以理解為一種特殊的東西被取消結束，但不是就此消逝，而是昇華到更普遍性的領域，蛻變為更豐富的東西，而在這種蛻變中，自身不再以原來的形態存在，卻以更高的方式被保存了。

費希特在面對拿破崙入侵時發表的《告德意志民族演說》（*Reden an die deutsche Nation*），

握手的兩人左是霍克海默，右是阿多諾，手摸頭髮的是哈伯瑪斯（右一）[3] 攝影 Jeremy J. Shapiro

呼籲各邦國（Länder）結合成立一個德意志民族的國家（Nation），也可這麼思考，各邦國在一個德意志國中完成民族與國家的統一，拋棄了自己的特殊性卻又被保存在更高的存在。

可是這裡也看得出德國的國家概念的矛盾處，德國難以如其他國家一樣投入國家主義裡，總是有一個普遍性的靈魂（或者說幽靈）在其可能發展的國家主義背後制約著，而不會到了德意志國家就停止；歌德或康德這種自居為世界公民的德意志人，念茲在茲的是普遍性的價值，都對民族主義不感興趣——阿多諾（Theodor Ludwig Wiesengrund Adorno, 1903-1969）在一次演講「什麼是德意志？」（Was ist deutsch?）就曾經提過，國家主義這種特殊概念，背後有更高的存在規約著，這正是一種德國特有的康德思維。

德國一旦放棄這種普遍性規範，全心全意投入國家主義的懷抱，則可以見到 **Aufhebung** 的豐富概念被架空了，國家的昇華、強大成為最重要的價值，可是不會昇華到一個更普遍的價值，因而也不會在這種昇華中取消自己的特殊性，反而是更固守最最德意志特質的內涵。最明顯例子就是普魯士軍國主義，這種軍國主義延續到了國家社會主義，產生了對民族共同體的執念，其發展高峰就是一個純血的德意志民族之妄想。戰後德國不能不放棄這種軍國主義，重回西方民主價值懷抱——也就是說，必須對於任何特殊化的政治傾向保持警惕，必須融入普世陣營，任何愛國主義都被德國人自己視為可疑，只有在某些足球慶典時，德國人才能無畏地揮舞國旗喊出德國戰勝他國的口號，《德國文化關鍵詞》就稱這種每隔四年在足球賽中毫無顧忌擁抱德國的情況為歡樂式愛國主義（**fröhlicher Patriotismus**）。其實一個新造詞更能傳神形容這種特別的愛國主義：**Party-otismus**，改造自發音類似的愛國主義（**Patriotismus**）：在派對狂歡時才會出現的愛國心。

3 https://commons.wikimedia.org/wiki/File:AdornoHorkheimerHabermasbyJeremyJShapiro2.png

二、兩個德國

華格納認為德國文化與政治存在之間，產生了特殊與普遍的衝突，其實這也是德國文化史幾百年來的議題。德國在政治上的統一相對於歐洲其他國家極晚，也就是說政治概念的德意志很晚才產生，但是文化概念的德意志卻早就出現了。所謂「文化國」（kulturnation），詳細描述了這個從歌德、席勒時代被不斷援引的文化國家概念——其意義是，無論政治上如何複雜難以定義，德意志民族在文化上都能清楚地認同自己為德國人，而且，文化的位階更高於政治。

這個德意志文化國，就是在共同歷史及語言上結合而成的國家，而非政治國家（Staatsnation）。德國思想史學家邁涅克（Friedrich Meinecke, 1862-1954）就這麼定義國家：「我們可以將國家（Nation）分為兩種：文化國與政治國（Kulturnationen und Staatsnationen），文化國就是主要以共同文化財產作為基礎而產生的，政治國就是主要以共同的政治歷史及憲法之統一力的基礎而建立的。」這種思考，一直到現在還影響著德國政治與公共事務討論。二〇一七年四月底時，主管融合政策的內政部長德邁齊爾（Thomas de Maizière, 1954-）提出了他對德國主導文化（Leitkultur）的想像，共分成十個面向，震盪了政界及媒體，社會哲學家哈伯瑪斯（Jürgen Habermas, 1929-）即刻投書駁斥其主張。德邁齊爾強調的其中一點就是文化，他說德國是文化國，如此深受文化與哲學影響而成形的國家少有。而德國文化也對世界其他國家影響深遠，歌德、巴哈是德國人，但也屬於全世界。

這種在政治之上的文化國的想像一直貫穿德國近代史，甚至在政治國家成立後都是重要的概念，尤其在政治國家失靈時，文化國召喚了德意志人的國族認同。例如本書作者們也提到，在德國統一時有些德國文人對於統一後德國將再次成為一個強大的政治國感到不安，呼籲德國只要保持文化國即可，文化德國的認同已足夠穿越冷戰隔閡，將政治上分裂的兩德結合為一個精神國度。我想另外提一個本書也提及的例子，說明這種德意志兩國論的特殊思維。

德國詩人史蒂芬．格奧爾格（Stefan George, 1868-1933）在二十世紀初時，以其深奧思想及詩作吸引了無數文人，形成著名的格奧爾格圈子。他一個重要的思想就是，認為掌握詩與文化之奧祕的人們，構成了祕密的德國（geheimes Deutschland），這樣的祕密的德國必須在政治國家之上，成為真正的德國價值。（這種對於祕密的德國的嚮往，神祕主義詩人的感召力，說明了德國人被深不可測的神祕之物所吸引的性格。格奧爾格的名詩〈祕密的德國〉裡就明確地提及了深淵的意象，本書〈深淵〉一章便敘述這詩作。）

而這個圈子裡有一個青年，叫做史陶芬堡（Claus Schenk Graf von Stauffenberg）。史陶芬堡出生於一九〇七年，十六歲時被引介入格奧爾格圈子，成為詩人的弟子與崇拜者。基於對一個強大德國的夢想，他加入了軍方，也在納粹黨早期崛起時相信那是虛弱的德國的出路，但是他在二戰開始時，見到了德國入侵東歐、設立集中營及大屠殺，知道這不是他可以效忠的國家，這個納粹軍官便加入了祕密的反抗行動。他聯合了政府裡許多同志，立志推翻這個德國，可是他們立刻面對一個問題：這些都是宣誓對希特勒效忠的公務員，如何可能拋棄這樣的誓言，違

史陶芬堡[4]

背自己的服從義務？在激辯後他們確認了，作為德國公務員應當服從的不是希特勒，而是納粹上台前曾經在德國被保障的人權與自由。

這些祕密反抗者對於民主並無好感，因此並非議會制度的支持者，當年也才會投向了希特勒所允諾的具有決斷力與行動力的德國之幻想。可是他們希望重建自由之價值，因此策劃了一九四四年七月二十日暗殺希特勒的「女武神行動」（Operation Walküre）。有意思的是，「女武神」是被刻意挑選過的名稱，是北歐神話裡與戰爭有關的神祇，挑選英勇的戰死者，是

帶領人走入陰間的死亡天使；但也是華格納所寫的《尼布龍根的指環》中的重要一幕（本書的「女人」詞條即介紹了這個使德國人著迷的陰暗女神形象）。

「女武神行動」結合了多位大使、外交官、軍方將領、警界高層等等，但並未成功。這次失敗的行動證明：當年德國人並非毫無保留地認同納粹，也發生過抵抗，並且也激生了「公務員如何面對暴政」這種攸關國家正當性的問題。

據說，史陶芬堡失手被捕，隔天被槍決時高喊著：「祕密的德國萬歲！」（Es lebe das geheime Deutschland! 或 Es lebe unser heimliches Deutschland! 目擊者的說法不一）這個「祕密的德國」正是一種文化國的變種。史陶芬堡及他的同志們是德國的文化貴族，力抗沉淪的政治國。這種想法在今日民主時代顯得不合時宜，可是在暴政國家裡，堅持某種更高價值、以祕密的文化國挑戰眼前的第三帝國，豈不正是一種正確的姿態嗎？

不過必須提醒的是，對於文化國的思考，也可能落入軍國主義的陷阱：戰爭的勇健、愛國與犧牲等德性激活了文化中某些死寂之處，或者戰爭是為了文化之存活而發動。因此觀察德國軍國主義，並不能只在政治領域，也必須在文化領域。在本書的〈戰爭與和平〉中敘述

4 https://de.m.wikipedia.org/wiki/Datei:Claus_von_Stauffenberg_(1907-1944).jpg

第一次世界大戰的條目裡，即可以看到一九一四年時的九十三位學者及文化人士——包括張君勱的老師，哲學家倭鏗（Rudolf Eucken, 1846-1926）*——聯名發表的公開信，標題就叫做「致文化世界」（An die Kulturwelt）。該信中有一段文字：

所謂的對我們的軍國主義宣戰並非對我們的文化宣戰，這種我們的敵人的偽善說法是虛假的。倘無德國軍國主義，德國文化早就消失於地表。為保護德國文化，從德國文化中生出了軍國主義，誕生在這個幾百年來遭受他國無法相比的劫難的國家中。德國戰士與德國人民同心。這樣的意識在今日團結了七千萬德國人，跨越了教育、階級與黨派的差異。

這裡可以看到另一種「兩國論」的變種：政治國（甚至軍事國）的存在也有必要，因為保存了文化國。史陶芬堡早年也許正是在這種期待中投入了納粹並參加了戰爭。

三、德意志與歐洲的關係

華格納強調德國能夠保存事物之原樣，在德文中維繫了歐洲的原初精神，因而若沒有德國精神，歐洲文化的精髓必將消失殆盡。這個定義「什麼是德意志」的方式必須很小心，事實真是如此？或者這是華格納的一廂情願？

在法蘭克福北邊，有一條羅馬長城（Limes, 拉丁文limites），是西元六世紀以前的羅馬帝國邊境圍牆，與河流及高山一起構成了帝國疆界。這個大約五百五十公里的長城隔開了帝國與日耳曼民族，而羅馬帝國時代歐洲最發達的文化區，絕對不在日耳曼族棲居的這一邊。即使在德意志的神聖羅馬帝國時期，文藝復興、啟蒙運動、人文主義這些歐洲文明的高峰，都不是從德國起源的。正因為如此，當年德國上層社會的子弟們在人格與知識培育過程中，會到義大利或法國壯遊（Grand Tour），最知名的例子就是在義大利住了三年的歌德。

不過華格納並不談德意志文化是否比南歐的文化先進，而是主張德國人對內在自由的堅持，對於舊價值與傳統的迷戀，對於語言、思想、詩歌的熱情，使得別地所孕育出來的文化成果能在德意志精神中被保留下來。《德意志文化關鍵詞》即提及，在文藝復興之後，南歐的文化停滯，德國追上了並保存了起源於南歐的歐洲古典與近代文化精髓。

不只是華格納這麼相信著，許多德國偉大的文人都被認為在歐洲文化走向衰退之時維繫

* 倭鏗，德國唯心主義哲學家，一九〇八年獲得諾貝爾文學獎。

了歐洲的起源，例如詩人荷爾德林（Friedrich Hölderlin, 1770-1843）翻譯了希臘悲劇《安蒂岡妮》，黑格爾也召喚了赫拉克利特、柏拉圖、亞里斯多德的思想去談辯證的概念，而海德格更是認為自希臘之後西方哲學都走錯道路，致力於回到原初的希臘——尤其是先蘇哲學家——並彰顯當代德國所具有的接連歐洲思想源頭的革命性力量。某次，他在拜訪了荷爾德林文獻館後，對同行的哲學家說：「當我思想時，有時候赫拉克利特彷彿就站在身旁。」（Wenn ich denke, dann ist es manchmal so, als ob Heraklit danebensteht.）可見他對希臘思想的著迷。受他影響，他的學生也多從希臘著手發展自己的理論，例如漢娜・鄂蘭、高達美，都致力把希臘思想帶到當代脈絡。可以說沒有希臘，就沒有今日的德國；但如果沒有德國對於希臘的研究，今日我們對於希臘的認知也將完全不一樣。

《德國文化關鍵詞》中「文化國」詞條就提及，德國人見到希臘這個政治實力虛弱的國家，卻在文化上具有絕對的影響力，知道文化國的重要，因此認為德意志民族對人類文化精髓的掌握與保存，使得德國人成為當代的希臘人。

只是必須提醒的是，德國當然在保存西方傳統上有極大的貢獻，可是在納粹時期，曾經有不少學者試圖提出各種論述，讓德國獨佔這種貢獻，進而合理化德國作為歐洲文化的正當繼承者以及拯救者的說法。這種道統論述，很可能被挪用為政治論述。

結語：以天才作為脫罪證明

「什麼是德意志？」這個問題，同時也對許多非德意志人來說具有難以回答的尷尬。因為，這樣一個強調內在自由的民族，卻也曾經建立了一個最法西斯的國家。

以華格納為例可以理解這種尷尬。他是一個德國文化中的巨人，可是其〈什麼是德意志？〉對於德國的觀察也有許多今日不再能接受的面向，例如他相信德國人與民主的格格不入，他對戰爭及尚武美德的推崇，更讓人難以面對的是華格納對猶太人的敵意。猶太人在華格納心中是不懂欣賞音樂之美的民族，也是德意志民族用以建構自己的外在敵人。簡單地說，他心中的德意志民族不只是德意志的，還是非猶太的。這種反猶主義讓他在德國文化史上扮演了一個尷尬的角色，他的音樂如此德國，以至於威廉二世、希特勒與無數德國人都為之著迷；可是其藝術成就卻又是普世的，我們不可能談論古典音樂時把華格納略去。如何面對華格納？這也是如何面對德國的問題。熱愛德國文化的人也必須面對這樣的不安：這個詩人與思想家之國，卻同時又曾經是驅逐並屠殺另一個民族的國家。

瑞士作家弗里施（Max Rudolf Frisch, 1911-1991）曾經這麼形容他對德國的觀察。他自小對德國古典音樂及文學懷著熱情，視德國為精神上的家園，可是最後德國竟然成為人類文明史上最野蠻的國度，他問：「如果那些與我說著同樣語言、熱愛同樣音樂的人類，都無法確保自己成為非人類，我又如何能保持樂觀，確信自己不會成為非人類之一？」

在戰爭剛剛結束時的一篇日記中，他記錄著他那一代人的尷尬，或者其實也是我們這一代視德國為精神家園的人的尷尬：專精且著迷於巴哈、韓德爾、莫扎特、布魯克納等人的藝術的人，也能夠同時以屠殺者的身分出現。這種奇特的人類存在形式，弗里施稱為「美學的文化」（eine ästhetische Kultur），其特徵是分離（Unverbindlichkeit），在文化與政治之間能夠區分得乾乾淨淨，或者說在天賦與性格之間分離，在閱讀與生活之間分離，在音樂會與街頭之間分離。這是一種能夠思考最高深內容、卻又不妨礙犯下最低等行為的精神形式。他說這是「作為道德精神分裂的文化」（Kultur als moralische Schizophrenie）：「我們有多少次在談及德國時，都有人提出歌德、史蒂夫特（Adalbert Stifter, 1805-1868）、荷爾德林以及所有其他那些使德國偉大的人，且是在這樣的意義上提出來：以天才作為不在場的脫罪證明（Genie als Alibi）。」

弗里施說得確實，面對德國，我們確實都不由自主地援引天才們對於人類文明的貢獻，來為德國對人類文明的毀滅作出某種辯護——這其實也是我們心中的「內在衝突」（Zerrissenheit）。我想從另一個關於華格納的故事，說明這種「不能不原諒德國」的衝突心情。

在波蘭裔文學批評家萊西–拉尼茲基（Marcel Reich-Ranicki, 1920-2013）的《我的一生》（*Mein Leben*）中，有一章〈最美的逃逸——劇場〉，描述他童年看到的在納粹掌權時候的柏林劇場。當時許多苦悶的德國人，都到劇場中尋求慰藉；許多有理想的劇作家與演員，也藉著劇場表達對納粹政權的抗議。萊西–拉尼茲基就常常去劇場，當時他年紀太小，按理不能進去，但是當時的柏林已經沒有人在意誰能進劇場誰不能進的問題。萊西–拉尼茲基用一個字形容他當時的心情：相反的世界（Gegenwelt），他在劇場裡尋找與第三帝國相反的世界，他相信很多人走進劇場都懷抱著相同的心情來此尋找精神救贖。

只是有一個例外，就是華格納的歌劇，那非但不刻劃相反的世界，反而是帝國的、是純粹德意志的世界。他這麼回憶當時他聽到華格納的情形：那時他十三歲，姐姐帶他去看《紐倫堡的名歌手》，那是歌頌德國民族與帝國的藝術，但是即使他身為絕不能融入德意志民族主義的猶太人，還是一下子就被迷住了，他寫道：「直到今天不再有任何歌劇能夠比《紐倫堡的名歌手》給我更多愉悅、更多快樂，也沒有任何其他歌劇比《崔斯坦與伊索德》更能強烈而深刻地觸動我、激動我。」

很多年以後一個電視主持人問他，為什麼他會推崇華格納這種「憤怒的憎恨猶太人者」，他不假思索地回答：「這個世界上過去曾有、現在也有許多高貴的人，可是他們既沒寫過《紐倫堡的名歌手》，也沒寫過《崔斯坦與伊索德》。」

他還寫了另一個片段：一九五八年的三月，他在華沙跟投身東德社會主義的奧地利作曲家艾斯勒（Hanns Eisler, 1898-1962）一同籌備一次布萊希特（Betolt Brecht, 1898-1956）劇本的演出。閒暇時他們一起喝酒聊天，艾斯勒一開始與萊西－拉尼茲基閒聊許多音樂界的軼事。後來逐漸講到華格納，艾斯勒不停地痛罵華格納，彷彿有說不盡的怒氣。最後他終於停了下來，萊西－拉尼茲基抓住空檔立刻說：「是啊是啊，艾斯勒先生，您剛剛所說的，可能都是對的。我也很能理解。可是，他卻是寫了《崔斯坦與伊索德》的人。」

艾斯勒沉默，整個房間變得安靜無比。過了一些時候他才細聲地說：「那是完全不一樣的，那是音樂。」四年後艾斯勒去世，萊西－拉尼茲基在報紙上讀到他去世的新聞，上面報導著這位偉大的猶太音樂家，要求在他的靈前演奏《崔斯坦與伊索德》。

（本文初稿為於二〇一七年五月九日在臺北誠品敦南店針對《德國文化關鍵詞》一書之演講內容，並發表於獨立評論@天下「德意志思考」專欄）

題外話：哲學家不能缺少華格納

華格納這位偉大的音樂家，始終在許多德國人甚至歐洲人心中徘徊不去，以一種曖昧的姿態。

最著名的大概是尼采在《華格納事件》（*Der Fall Wagner*）、《尼采反華格納》（*Nietzsche contra Wagner*）中對他的評價。尼采曾經那麼熱愛華格納的藝術，但是基於自己的哲學立場（尼采稱華格納的音樂讓人得病，腐化大眾，而成為病態者、白痴、獸群……），尼采必須要克服這種「華格納」疾病。但是他說：「對於這種疾病我並非不願心存感激之情。……別人沒有華格納，也許可以將就；但是哲學家不能缺少華格納。……為了對付現代靈魂的迷宮，他到哪裡找得到一個知情的嚮導，一個比華格納更能言善變的靈魂專家？」

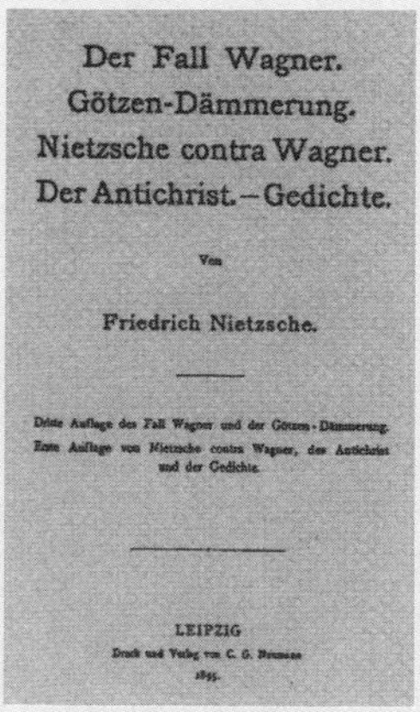

《華格納事件》書影[5]

「倘若今天有一個音樂家說：『我憎恨華格納，但是我無法再忍受其他的音樂』，那我完全理解。可是我也會理解一個哲學家，要是他申明：『華格納概括了現代性。人們只能先當一回華格納的追隨者，別無他法……』」

對尼采來說，除了追隨華格納而後克服他的藝術，德國別無他法超越現代性。

英國思想史家以賽亞・伯林（Isaiah Berlin, 1909–1997）在一次訪問裡表明他特別喜歡德國作曲家，並且稱華格納是天才作曲家：「我把華格納的成就看作歐洲文化（不僅僅是音樂方面）最優秀的表現，在他之後，西方無人能與之相媲美。」

他的訪問者提出了一個誰都一定會提的疑問：「您知道華格納是反猶主義者嗎？」伯林的答案：「當然知道。不幸他有這個污點。但是這與他的藝術價值無關。重要的是他改變了西方音樂。他的音樂可以說是空前絕後的。他也從根本上影響了其他藝術。……盧梭、馬克思和華格納等人都是使世界事物發生重要變化的人物，不管變好還是變壞，往往是好壞兼有。我們不能不承認，在人類文化歷史上的確有一些偉人充當開闢新紀元的力量。」

在德文裡有一個字 Haßliebe，由 Haß（恨）與 Liebe（愛）結合而成，意思是愛恨交織。這個字，正是那一代歐洲文人對華格納的糾結。

5　https://ar.wikipedia.org/wiki/%D9%85%D9%84%D9%81:Nietzsche_AC_EA_innen.jpg

德國思想家

1〉沃爾夫

日耳曼人之師

去了一趟哈勒（Halle an der Saale），一座位於德國東部的城市，歷史非常悠久，雖然於現代已經不受注意，但在德國思想史中有無比的重要性。在那裡我拜訪了一個曾經知名、現在卻鮮少為人提起的哲學家之故居：克里斯提安・沃爾夫（Christian Wolff, 1679-1754）。

我第一次聽到沃爾夫這個名字，是康德在《純粹理性批判》裡同時批判了「那個知名的沃爾夫」（den berühmten Wolff）的獨斷論與休謨的懷疑論——康德的用語明示了，即使今天哲學界幾乎不再提起沃爾夫，但在十八世紀時這是個無人不知的名字。雖然康德批判了沃爾夫，但在啟蒙傳統中，可以視沃爾夫為康德的前驅。如果說十八世紀時的德意志大地上有什麼啟蒙運動的重鎮，那一定是哈勒，其後才是科尼斯堡，其原因就在沃爾夫這個於十八世紀

沃爾夫[1]

上半葉幾乎以一人之力挑起啟蒙大旗的思想者。

沃爾夫出生於一六七九年的布雷斯勞（Breslau），在耶拿、萊比錫讀數學與哲學，與當時普魯士的學術首席萊布尼茲（Gottfried Leibniz, 1646–1716）交好，兩人不但對於理性主義的思想立場相近，也長年以通信維持友誼及觀念交流，沃爾夫故居即展示兩人的拉丁文通信稿。沃爾夫於一七〇三年取得教授資格，並在萊比錫大學擔任講師，後來受萊布尼茲推薦，於一七〇六年去了哈勒大學教數學與哲學。

沃爾夫的身邊很快地聚集了一群學者、學生，甚至有哲學社團成立，專門討論他的思想。為什麼他的學說這麼吸引人？因為他在宗教力量強大的時刻，高舉了人類理性的價值。在這個意義上他是個極為現代的思想家，許多他的著作，都冠上這樣的標題：《對於……的理性思考》（*Vernünftige Gedancken von...*），從「理性」的角度探討人類社會本質與共同生活等倫理議題。在沃爾夫故居裡，牆上就寫著幾乎讓人以為是晚他一代的康德才會說的話：「人類在本性上，對知識渴求。」（**Und der Mensch von Natur zu wissen begierig ist**）、「自己思考！自己觀看！自己作主！自己判斷！」（**Selbst denken! Selbst sehen! Selbst herrschen! Selbst urteilen!**）

此外，他也一反當時學界以拉丁文寫作討論的風氣，大量以德語講課並著述，許多我們今日慣用的德文哲學術語，都是他發展出來的，例如意識（**Bewusstsein**）、意義（**Bedeutung**）、想像（**Vorstellung**）、注意（**Aufmerksamkeit**）等等。德國十九世紀的哲學家弗里茲・毛特納（**Fritz Mautner**）在《哲學辭典》（*Wörterbuch der Philosophie*）的前言中，便讚美沃爾夫改寫了拉丁學術語言，找出了明確的德文概念，使德語區讀者能夠避免誤解哲學，認為沃爾夫不只影響了康德的語彙，也使哲學能夠「明義」（**verdeutlichen**）以及「德意志化」（**verdeutschten**）。毛特納寫道，無論從語言的美學或者愛國主義的角度，給予沃爾夫再高的評

1 https://commons.wikimedia.org/wiki/File:Christian_Freiherr_von_Wolff.jpg

價都不為過，因而稱他為「日耳曼人之師」（Magister Germaniae）。

德國第一個思想學派

這位日耳曼人之師，在哈勒大學開設的講課吸引許多學生，而他的著作傳遍德意志大地，維基百科便稱當時在神聖羅馬帝國境內的各大學都有信服沃爾夫學說的學者，這些「沃爾夫主義者」（Wolffianer）形成了德國第一個思想學派。

這個學派高舉理性價值、而非讓信仰來決定實踐哲學內涵，因而受到路德教派信徒的攻擊。當時沃爾夫捲入了與虔敬主義（Pietismus）的論戰，在學術史上被稱為「哈勒論爭」（Der"Hällische Streit"）。簡單地說，這是信仰與理性兩種不同立場的爭執，雖然沃爾夫是受洗的基督徒，而他在《自述》（*Selbstschilderung*）一書中這樣解釋自己的學術動機：他自幼起見到天主教與新教之間的仇恨，每個教派都堅持自己才是對的，他便自問，是否可能清楚闡述神學裡的真理，得出神學的明證，消除矛盾以平息紛爭。但是沃爾夫切開了道德與宗教啟示（Offenbahrung）的關係，也有意地引用中國儒家哲學，稱基督教文化並非發展實踐哲學、倫理價值的必要條件，使得虔誠主義者並不認為沃爾夫是要解決神學問題，而是在攻擊宗教，最後於一七二三年告上普魯士宮廷，稱沃爾夫堅持的「哲學的自由」（die Freyheit zu philosophieren）是無神論。

沃爾夫最終在這場「哈勒論爭」裡被政治手段擊敗，腓特烈一世認定他確具「對宗教之敵意」（Religionsfeindlichkeit），除去他的教職，命令他四十八小時內立刻離開哈勒。後來一七二七年普魯士更頒布禁令，禁止沃爾夫的形而上學與道德學說著作在普魯士領土內出版發行，直到一七三五年普魯士才認為沃爾夫的學說不再危險，取消了此禁令。這是當時普魯士思想、講學、著述自由受限的明證。

離開哈勒大學後，沃爾夫去了馬堡大學，接下了該校第一個哲學教職，從一七二三年到一七四〇年為止在馬堡教授哲學及數學。當時他雖被趕出了普魯士的國土，但因為其在早期啟蒙思想的地位，被倫敦、聖彼得堡、巴黎等地科學院任命為院士，馬堡的學術地位也被沃爾夫推動了一大步。一七四〇年，立場相對開明的腓特烈二世取消了沃爾夫的驅逐令，召他回到哈勒大學，一七四一年起就任哈勒大學校長，這個曾經驅逐他的地方，最後卻受他領導。學術的價值最終通過了信仰與政治的考驗，而哈勒大學也成為當時極強調理性與自由思想的學術殿堂，沃爾夫故居裡記錄的十八世紀下半葉哈勒大學學生會的一句話，可以讀到當時的時代精神：「步入受鍾愛的講堂吧，那美好的繆斯神殿。」（Tritt auf geliebtes Hall, du schöner Musentempel.）

康德的繆斯

一七五四年沃爾夫在哈勒逝世，那一年康德正滿三十歲，結束了貴族家庭教師的工作進入柯尼斯堡大學讀書，隔年提交教授資格論文、成為柯尼斯堡大學的哲學講師。他在批判哲學中力圖破除沃爾夫的形而上學獨斷論立場，可是我們也可以這麼想像：一七五四年，剛剛踏入學界的年輕康德，從沃爾夫那裡把啟蒙的火把接了過來。一個巧合的例子正可以說明：十八世紀末康德寫了《學科之爭》（*Der Streit der Fakultäten*），闡述哲學的地位，也論及學術與政治的關係，他不只與沃爾夫一樣強調哲學的自由，還肯定了法國大革命，但向柏林申請印行許可卻無法通過審查，最後於一七九八年向哈勒大學申請獲得通過。沃爾夫的大學，最終成為了康德的繆斯神殿。

（本文初稿發表於香港01媒體哲學版）

2〉康德

我生命中最愛的那些人

要談康德（Immanuel Kant, 1724-1804），先聊聊另一位影響德意志民族甚鉅的人。

二〇一七年十月，法蘭克福火車站大廳舉辦了一個極有特色的展覽「我們是文化的一部分」（We are part of culture），展出歐洲歷史上的名人、政治家、哲學家或文學家等，他們共通特點是：同性戀、雙性戀或跨性別。其中一位就是腓特烈二世（Friedrich II, 1712-1786）。

解說牌上寫著，腓特烈二世於一七三三年結婚，但在登基之後，就將他的王后掃地出門，此後一直與哲學家及藝術家作伴，並在一七四五年蓋了無憂宮。他在王子時期，就已經表示，女性對他沒什麼吸引力，並且為自己將來死亡做好準備，寫下一張名單，記下了「我生命中最愛的那些人」（die ich im Leben am meisten geliebt haben），這張名單上一位女性都沒

腓特烈二世[1]

有。

解說文最後提到了一個名字：漢斯・黑爾曼・封・卡特（Hans Hermann von Katte, 1704-1730），點出了一個非常動人哀傷的愛情故事。

那是十八世紀，後來被稱為腓特烈大帝（Friedrich der Große）的普魯士國王腓特烈二世，還只是王子時候的故事。小名為弗里茲（Fritz）的王子，十幾歲時在私塾認識了長他幾歲的普魯士軍人中尉卡特，中尉受過極好的教育，又通曉詩文音樂，兩人立刻成為知心好友，所有人都說他們是一對戀人。

一七二八年開始，弗里茲背著父親學習音樂，腓特烈一世是個傳統的軍人國王，希望日後要接王位的弗里茲多學習政治軍事技能，不要把時間浪費在文藝上，再加上國王鐵血教育，兩人因此陷入嚴重爭執。一七三〇年，弗里茲和他的父王起激烈衝突，決心逃離普魯士王國，他的計畫是先逃到法國最後再去英國，但是必須有人阻擋追兵才可能成功。他向卡特求助，其戀人一開始勸阻，但後來解決不了弗里茲的決心，答應幫助。八月四日半夜，弗里茲執行了他的逃亡計畫，而卡特就負責在柏林近郊的波茲坦阻擋追兵。

這個逃亡後來失敗了，腓特烈一世逮捕了兩人，他相信卡特是慫恿兒子背叛父親的罪人，決定處以極刑。軍事法庭以陣前逃亡罪起訴中尉，判處無期徒刑，但是腓特烈一世不滿意，要求法庭重審，最後卡特被判死刑。在執行前，押解卡特的囚車經過弗里茲的囚房，國王強迫王子必須親眼看著他的愛人被砍頭。弗里茲悲傷暈厥，失去意識。腓特烈一世原來也想以逃亡罪處死自己的兒子，但後來改變主意饒了他一命，短暫的拿掉了他王子的地位。

幸好腓特烈一世改變了主意，否則就沒有後來那位支持了德意志啟蒙傳統的開明君主，那個康德如此崇敬、呼籲必須對之要服從的普魯士國王。

1 https://es.wikipedia.org/wiki/Federico_Guillermo_II_de_Prusia#/media/File:Frederick_Wilhelm_II.png

卡特被行刑情景，弗里茲無能阻止[2]

開明專制

康德與腓特烈二世始終維持著非常親近的關係。康德是普魯士王國的子民，在位於東普魯士領土內的柯尼斯堡（Königsberg）著述教學，也擔任校長，並被選為柏林的普魯士皇家科學院院士，可想而知他與柏林的關係相當好。一七五四年八月十四日，康德寫了信給腓特烈身邊大臣，寄上兩本有助於歷史與拉丁文學習的書籍，請轉交給小弗里茲（Fritzchen），希望小弗里茲能勤快學習，早日進入學院研習；另外也寄上一些書請國王參閱。這裡的小弗里茲是腓特烈．威廉（Friedrich Wilhelm），腓特烈終身無子嗣，在登基後，於一七四四年自己的弟弟奧古斯特．威廉生出兒子後，指定這位姪子為王子。康德雖然身在東方遙遠的波羅的海旁，也不忘關心王子的教育。在信中他請求，提供「這位幼小而優雅的男人」（**kleinen feinen Mann**）一些好的讀物。

他與腓特烈二世的關係還可以從他的名作《論何謂啟蒙？》中的一句話看出：「不論你們要思考多少，思考什麼，用理性去思考吧！但是要服從。」這樣一個崇敬人類思想自由的哲學家，還是承認了服從開明君主權威的必要。

2 https://de.m.wikipedia.org/wiki/Datei:Kattes_Hinrichtung_1730.jpg

康德[3]

柯尼斯堡

要談德國哲學，不能不談康德，而要談康德，就不能不提柯尼斯堡。

康德於一七二四年出生於柯尼斯堡，在那個時代，是東普魯士領土的一座海港城市，二戰後屬於俄羅斯，改名為卡里寧格勒（Kaliningrad）。我曾經從法蘭克福租了車，千里迢迢開到波蘭北海的格旦斯克，已經距離柯尼斯堡不遠，本想一鼓作氣開到這座康德的家鄉城市，但長途跋涉後實在已無力氣再往前行了，便未能再前進一程。

要探訪康德的足跡，的確除了親自去一趟柯尼斯堡外，別無他法。歌德或路德這些歷史名人，一生住過許多城市，留下豐富的足跡，也都成為旅人樂意造訪的景點。康德的人生在柯尼斯堡開始，也在此結束，他過了八十年平凡的人生，可是，他留下的那些著作，卻使他成為極為不平凡的人。

康德出身工匠家庭，原來名字不叫 Immanuel Kant，而是 Emanuel Kandt，少了 d 的寫法是他後來成年後自己決定這麼改變的，原因為何，沒有明確的答案。小時候，他的正式名字一直是 Kandt，而母親暱稱他為「小曼內爾」（Manelchen）。十四歲那年母親過世，早逝的她一

3 https://de.wikipedia.org/wiki/Datei:Immanuel_Kant_(painted_portrait).jpg

康德與朋友聚會暢談的盛況[4]

定沒有想到她的小曼內爾，後來竟然成為名滿全歐的偉大康德吧。

高中畢業後，康德進入柯尼斯堡大學讀哲學、自然科學及數學，二十二歲那年父親也過世，他成為孤兒。很多人以為康德一生沒有離開過柯尼斯堡，但其實這時候他為了生計不得已離開，去了右城（Judtschen，今日叫做Wessjolowka）這個離柯尼斯堡大約一百公里的小村，依靠當家教維生。二十幾歲時的康德已經離鄉背井討生活。

雖然後來他成為一位極為重要的哲學教授，可是在求學生涯的早期，他過得並不順遂。幾年後，他又回到柯尼斯堡大學重拾學業，三十一歲那年獲得博士學位，便開始其學術生涯。

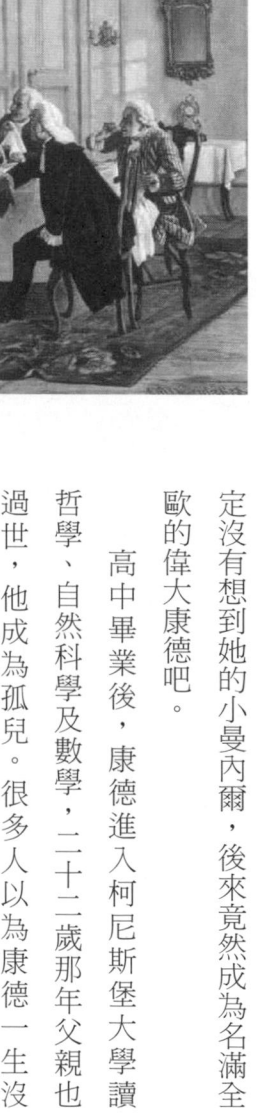

美國哲學家羅逖（Richard Rorty, 1931–2007）曾經說過，康德是第一位將哲學職業化的思想家，此話確實。在他之前的哲學家，大都不是以在學院裡教授哲學維生，甚至，對於學院裡的哲學生活抱持抗拒態度，例如早了康德大約一個世紀的哲學家史賓諾沙（Baruch de Spinoza, 1632-1677），在海牙時是名滿歐洲的哲學家，但並非哲學教授，甚至曾經拒絕海德堡大學的哲學教席。而康德則成功扮演了哲學家與教授兩個角色，並且結合了哲學與學院教學任務。

不過，他的教授生涯一開始並不順利。一七五五年畢業後留校擔任編制外的講師，必須依賴選課學生繳納的聽課學費餬口，收入微薄而不穩定。一七五九年，康德試著申請柯尼斯堡大學的形上學教席，卻被拒絕，只好繼續當講師。一七六六年，他去了柯尼斯堡皇家圖書館當了六年的圖書館員，那時他已經四十二歲，才找到這樣一份正式工作。今日許多流浪博士只能依賴兼任工作餬口，年紀漸長卻無固定工作，幾百年前的康德已知其中苦澀。

不過，與今日找不到職位的流浪博士不同，康德有選擇，只是他拒絕了柯尼斯堡以外的

4 https://de.wikipedia.org/wiki/Gesellschaft_der_Freunde_Kants#/media/File:Kant_und_seine_Tischgenossen._Kolorierter_Holzstich_von_Klose_%26_Wollmerstaedt.jpg

選擇，寧可在家鄉當個圖書館員也不肯離鄉去他處擔任教授。在他任職圖書館期間，艾爾朗根大學與耶拿大學都對他招手，卻被這位「地方愛國者」（Lokalpatriot）拒絕。德文的地方愛國者的意思是，對於自己的家鄉或居住之處有極高的愛意，認為勝於一切地方。康德也許不是因為那種愛鄉心態而留在柯尼斯堡，可是從他對柯尼斯堡的一往情深，應該也當得起這個稱號吧。

他選擇不離開，也許是因為他的學究脾氣。他極不喜歡變動，要求一切都按照自己的節奏進行。哲學史上就有這樣的故事，描述康德的無比規律：康德每天固定於下午四點出門散步，從未有誤，鄰居因此還以他做為對時基準。除了有一次例外，當時康德正在等著報紙送達，因為他熱切地想知道遠方的法國大革命的最新消息！（另有一說是，他收到盧梭最新的著作，貪讀而忘了時間。）

還有一個故事可以說明他嚴格規律的生活。某一次，康德答應了朋友的邀約，出門去踏青，結果，那次出行比原先計畫的還要晚結束，迫使康德必須改變接下來的安排。從此以後他決定不再接受任何類似的出遊邀約。

雖然他過得如此規律，但他不是離群索居的人。這位學者每天都這樣生活：早上五點，他的僕人會喚醒他，並為他煮一壺茶。用過早餐後，他會去柯尼斯堡大學教書及做研究（根據他學生們的紀錄，康德的教學極為生動有趣，完全不像其寫作風格）。下午四點到晚上七點左右，朋友來訪，他會在客廳接待朋友，與友人們針對學術問題或歐洲現況長談。

從這個小故事可以看出康德甚得人緣。康德死後，有一個有意思的傳統：食豆宴。一八〇四年二月，康德過世，那些常常到康德家作客的朋友們，決定在四月二十二日那天聚會，一起紀念他。後來這些朋友們甚至組織了康德之友會，他的一位學者朋友，柯尼斯堡大學數學教授貝塞爾（Friedrich Wilhelm Bessel, 1784-1846），提議在聚會時大家分食的蛋糕中藏入一顆豆子，誰獲得這塊蛋糕，就得負責在下一次聚會上致辭。而這個康德之友會，一直到今天都還運作著，而且，每年還一直舉辦食豆宴！

大學校長

一七七〇年，四十六歲的康德被正式聘任為柯尼斯堡大學形上學及邏輯學教授，終於可以安心開始寫作他的三大批判鉅作。可是，這一寫就是十年，十年間他沒有什麼重要著作發表，非常沉寂，倘若康德生在今日，肯定會被現在的學術規則淘汰。

也幸好當時的學術環境允許他十年磨一劍（或者確切地說，三劍），一七七一年，康德第一部代表作《純粹理性批判》正式問世，加上一七八八年《實踐理性批判》、一七九三年《判

康德埋骨於卡里寧格勒大教堂一角[5]

斷力批判》，這三大批判將他推向了歐洲哲學王座。

出版《純粹理性批判》後，引來全歐洲轟動，康德被當時的學界認為是歐洲最重要的哲學家，也入選歐洲多處的科學院院士。於是康德順理成章被選為柯尼斯堡大學校長，而且還擔任過兩次，分別在一七八六年及一七八八年。為什麼當了兩次，又各只當了一年，我沒有閱讀到相關的紀錄，不能亂猜。但是那些年正是他接著寫《實踐理性批判》及《判斷力批判》的時候，可以想像這位凡事按部就班的學者，會覺得行政工作很煩，想把時間留給讀書寫作。

某天，我在法蘭克福大學圖書館查閱資料，剛好看到書架上有柯尼斯堡大學創校以來的學生入學註冊名冊，取下翻到一七八六年與一七八八年部分，果然有康德的名字。可以看到上面寫著 Rector Immanuel Kant，底下的拉丁文介紹他是柯尼斯堡大學哲學院邏輯學與形上學的正教授、柏林科學院院士。（順帶一提：Rector 是老德文寫法，今日的德文寫作 Rektor。C

這個字母並非傳統德文字母，被視為是拉丁文傳來的字母，幾百年來逐漸被改掉，例如科隆Cöln就變成了Köln。尤其是在第三帝國時代，視拉丁化字彙為必須改革的非德意志文化）。

那兩年間，在柯尼斯堡大學畢業的學生，畢業證書上就會簽著Emanueli Kant（康德名字的拉丁文寫法），想想那該有多酷！

卡里寧格勒的哲學家？

二〇〇五年，卡里寧格勒／柯尼斯堡慶祝建城七百五十週年，當時德國總理施羅德（Gerhard Schröder, 1944-）受邀去參加慶典，與俄羅斯總統普丁一同造訪了康德墳墓。這位哲學家其實點出兩國歷史中一段尷尬的記憶，他喜愛的家鄉在一九四五年被蘇聯紅軍佔領，如今已非德國領土，俄羅斯該如何看待這位「卡里寧格勒」人？

那一年，卡里寧格勒大學正式更名為伊曼努爾．康德大學，而在致辭中，普丁向施羅德表示，康德是「我們共同的公民」，而俄羅斯也遵循康德留下的平等與自由之精神。俄羅斯明顯地也想擁抱康德遺產，藉此強化德俄連結。

5　https://commons.wikimedia.org/wiki/File:Immanuel_Kant_Tomb.jpg

不過，當時俄國的康德遺產其實有點尷尬，撇開他的思想與俄國無關不談，康德的足跡也逐漸消失中。他在柯尼斯堡的出生居處早已不在，另根據奧地利《標準報》報導，康德從一七四七到一七五〇年間擔任過小村家教的故居，位於現今卡里寧格勒東邊大約一百公里，每年吸引不少遊客前來，尤其是德國遊客，但是當地市政府並未維修，任其故居逐漸毀壞，成為遊民棲居處。

後來普丁決議整修這個具有紀念價值的地方，也再一次以行動向德國及歐洲宣示，康德的遺產將保存在俄羅斯——不管是物質上或精神上。而俄國也是歐洲的一部分。其實，某種意義上，康德真能被視為屬於俄國的一部分，這位偉大的思想家從來不只屬於哪個國家，即使德國也不能宣稱獨佔康德，因為康德是個世界公民，他所關切的人類理性以及人類尊嚴，從來不是國界之分可以限制的。他是柯尼斯堡人，但也不只是柯尼斯堡人。

今日，康德埋骨於卡里寧格勒大教堂一角，其外牆有一塊牌匾，用德文及俄文刻著康德的名言：「有兩種東西，人們越是對之深思，就越使內心充滿常新而日增的驚奇和敬畏：我頭上的星空，和我心中的道德律。」據康德傳作者卡爾弗蘭德（Karl Vorländer, 1860-1928）的紀錄，康德過世時，他的最後一句話是：「很好。」（Es ist gut.）

3〉費希特

天才少年

一七六二年，費希特（Johann Gottlieb Fichte, 1762-1814）出生在德國鄉下一個貧窮家庭。父親是紡織工人，他是十個小孩中的老大（其中兩個因貧病早夭），可以想像，在這種環境下成長的費希特，其實並無機會接受良好的教育。

但是一個契機發生，改變了費希特的一生。

某日，費希特父親的雇主因事錯過了村裡教會的禮拜，便問有參加禮拜的人是否記得牧師講道內容。費希特的父親這時把才八歲的他叫過來，他居然幾乎一字不差地複述出來，雇主驚訝於其聰穎便送他去上學。從此，費希特得以脫離一般農村小孩的命運。

他在中學畢業後，進入耶拿大學及萊比錫大學學習神學及法學，他以拉丁文給了自己

費希特[1]

一個外號：studiosus theologiae（神學學生）。可是，這時他的伯樂不幸過世，雇主的遺孀不願繼續資助費希特的學業，這位「神學學生」只好放棄神學，以家教維生，後來沒能讀完大學，甚至必須離開萊比錫遠赴蘇黎世擔任家教。

二十八歲那年，費希特回到萊比錫接了一個很尋常的工作：一位富有的學生必須讀好哲學，因而請費希特當他的家教，教他康德哲學。在這之前費希特沒有讀過康德的著作，為了當個好老師他便費心研讀，一讀之下驚為天人，尤其是康德的實踐哲學改變了他的思想，他寫道：「自從我讀了康德的《實踐理性批判》後，我就住進了一個新的世界。」另外，在寫給他未婚妻的一封信裡，他這麼說：「現在我完全的相信，人類的意志是自由的。」

於是他開始瘋狂的閱讀康德的哲學。一七九一年他搬去華沙，接受另一份家教工作。此時費希特決定往北邊走，去見他的偶像——在柯尼斯堡大學任教的康德。不過兩個人的見面並沒有太大的成果，康德對費希特這位粉絲興趣缺缺。後來費希特回到華沙，在康德的思想基礎上，寫了一本論宗教的書《一切天啟之批判的嘗試》（*Versuch einer Kritik aller Offenbarung*），寄給康德。康德讀了後，非常欣賞，推薦給出版社，出版商便在一七九二年出版這本書，卻沒有印上作者名字，於是讀者們都以為作者便是康德，包括當時知名報紙《文學報》（*Literatur-Zeitung*）。隨著這本書銷量越來越好，誤會越來越大，康德只好投書《文學報》解釋，作者不是他而是一位自讀哲學的年輕人。

於是這位連大學都沒有畢業的哲學天才，在歐洲的學術界一夕成名。一七九四年，他接受了耶拿大學的哲學教職。一八〇五年轉到艾爾朗根大學，一八一〇年轉到柏林大學，並且在一八一二年任柏林大學校長。這個鄉下窮困小子走到柏林大學校長的學術道路，簡直就像不可思議的好萊塢運動電影，熱情、天賦、努力，就能創造奇蹟。

1 https://commons.wikimedia.org/wiki/File:Frontispiece_-_Johann_Gottlieb_Fichte.png

法國大革命

費希特著述甚豐，一篇小文章不可能全面交代他的思想。我想集中在他與政治有關的著作上討論。在費希特的時代，最巨大的政治事件就是法國大革命，任何關切時代與歷史的哲學家都不可能對這個事件避而不談，康德、黑格爾、費希特都親身經歷了這個世界史事件，而費希特更是寫了兩本專書討論：《取回迄今被歐洲貴族壓制的思想自由》（*Zurückforderung der Denkfreiheit von den Fürsten Europens, die sie bisher unterdrückten*）、《糾正公眾對於法國革命的評論》（*Beitrag zur Berichtigung der Urteile des Publikums über die französische Revolution*）。

兩本書皆出版於一七九三年，法國大革命僅僅發生四年，費希特可說寫了第一手的評述。在《取回迄今被歐洲貴族壓制的思想自由》中，他批判了那些自以為為了人民好、限制人民應該如何思想、想教導人民何謂正確的貴族，他這樣振筆疾書：「不！貴族，你不是我們的上帝。對於上帝，我們才會期待祂賜福；對於你，我們只期待你保護我們的權利。你不應對抗我們，你應該要行正義。」他承認，比起平凡老百姓，貴族確實是高尚的人類，可是這也不能讓他們扮演上帝的角色，他們應該要保障人民的權益，把思想的自由交還給人民。

《糾正公眾對於法國革命的評論》前言中，他寫道，法國大革命攸關的不只是法國，而是全人類。因為這場革命的核心價值是「人權及人類價值」（Menschenrecht und Menschenwert）。

他對法國大革命有極為正面的評價，認為是人類自由的「曙光」。如何評價革命？有兩個標準：「合法性、合權利性」（Rechtmäßigkeit，在德文裡Recht同時有法與權利之意）及「智慧」（Weisheit）。在合法性的問題上，我們必須問：「人民究竟有沒有這樣的權利，任意地更改一個國家的體制？或者更確切地說，人民有無權利，以某種特定的方式，經由某些人、以某些手段、基於某些原則，去更改國家的體制？」而所謂的「智慧」，問的是手段的適切的問題：「要達到期望的目的，這樣的手段是最適宜的嗎？」、「在現有的情況下，這些是最好的手段嗎？」

他認為，人民所應該遵從的不是什麼特定的律法，而是普遍的理性法則，因此，倘若某個國家違反了永恆的法則，則應該被改正。而這個國家如果妨礙了人類精神文明的進步，進而無法達致人類的自主，則應該被克服。對他來說，「受教的公眾」（das unterrichtete Publikum）與貴族一樣具備理性思考的能力，有權利要求思想自由，這不只為了人民利益，也為了全體人類的利益。這裡，看得出他深受康德影響，對於人的價值、權利、理性、自主及尊嚴，有著無比的堅持。

因此，只要一個國家無法保障上述的目的，其體制則可以、也應該被改變。他認為，「一切國家的成員」之地位都是相等的，因為都是「所有人之間」彼此簽訂的政治契約之一方。

但是其實他關切的不是一國之內的政治秩序，而是「最大的社會、整體人類、全部的精神國度」（die größte Gesellschaft, die ganze Menschheit, das ganze Geisterreich）。

成為大學教授

寫完這兩本革命之書後，費希特即接受了耶拿大學的教職。在學界，他的學說因而被視為「民主主義」（Demokratismus），甚至被立場較為保守的人稱為「糟糕的雅克賓黨人」，與之保持距離。

不過，即使學界一開始對他保持戒心，他還是以極高的天才與努力證明自己是一位稱職的教授。他的一位學生李斯特（Johann Georg Rist）後來在回憶錄中稱費希特是「一位強大的人」、「哲學界的波拿巴」，說他在講台上霸氣凜凜，小小的身軀卻有龐大的精力。他從早到晚幾乎不休息地投入教學、研究、寫作，把「知識學」（Wissenschaftslehre）講課開在早上六點，苦的不只是學生，還苦了自己，他必須在凌晨四點起床備課。這樣一個勤奮工作的教授，可想而知並不太注重知識以外的東西。他以衣裝隨便出名，而他妻子從遠行時寫給他的信，也關切他是否有洗澡。

他很快地成為耶拿大學的王牌教授，學生們極為喜愛他的課，選修人數眾多，大講堂的課甚至有超出三百位學生。不過他成為教授後，便不再那麼熱血討論革命議題了，轉而將興趣轉向自己的哲學體系建構，自居為康德弟子的他，希望發展並改寫康德的哲學。之後，他離開耶拿，歷任其他大學，後來柏林大學創校時被挖角去柏林，更是在黑格爾以前就接任了柏林大學校長，成為普魯士最重要的哲學家。

雖然不談革命了，可是在發展純理論哲學的同時，費希特還是沒有忘記政治的世界。最知名的文本就是他的《告德意志民族演說》（*Reden an die deutsche Nation*）。

告德意志民族演說

一八〇七年十二月十三日，費希特舉行了第一次的對德意志民族演說，一八〇八年三月二十日舉行最後一次。所有十四次演說的內容，也在一八〇八年成書出版。這是一件思想史上的大事，史學家邁涅克在《德意志的復興時代》（*Das Zeitalter der deutschen Erhebung*）中便說：「在這幾場演說中，德意志的哲學自高處往下走向人民，高傲的獨立自主的個人也走向民族慈母的懷抱。」

為什麼費希特要對德意志民族演說？因為一八〇六年時，剛剛稱帝兩年的拿破崙征服了普魯士，國家危在旦夕，費希特便舉行公開演講。當時，德意志的神聖羅馬帝國（亦即第一帝國）已經瓦解，拿破崙揮軍德意志大地，德國未來何去何從？這不只是政治上的失敗，還是自我認同的焦慮。費希特試圖解決的，正是德意志民族的自我懷疑。

他強調，德文作為一種承繼傳統的文化語言之重要，這正是使德意志民族與其他日爾曼民族不同之處，德意志人從未間斷使用其語言，使得這門語言充滿生機與力量，不需借用過多外來語，因此德語有其純粹性，費希特稱為「源語言」（Ursprache）。在德文的內在力量中，德意志民族保持為一種精神的民族——「源民族」（Urvolk）——也有利於哲學、學術之傳承推展，也因此，德意志人有能力保存歐洲文化傳統，並且在傳統中創新。

他以「宗教改革」為例說明德國人既能銜接傳統、又能開出新路的能力。這是德國人創造歷史的「世界行動」（Welt-That）。這次具有世界史意義的行動，不只是宗教上的，還是哲學的、語言的、思想的創作。

雖然，費希特那麼強調德國民族的偉大及力量，但是他並非在鼓吹民族主義，而是認為德意志民族與普遍人類價值、自由精神之間具有連結，世界需要德意志，因為能為全人類價值做出貢獻，因此，邁涅克這麼評價費希特：「他雖然很高興地承認國家是民族展現生命力的機構，但是他對兩者都提示了更高的人性理想，無意放棄理想。他向普魯士的聽眾演講，談論有關普魯士國家，但是他的視野則仍然遠遠地超越此一範圍。」[2]

因此，對費希特來說，「德意志性」（Deutschheit）與「人性」（Menschheit）都是人類理性、思想、自由的不同表述方式。這樣的思考放在民族主義甚至種族主義的年代裡，可以提供不同的批判資源。第三帝國時代，納粹如此熱愛費希特的演說文本，不斷重印發行，以作為其政治訴求之動員資源。然而，這絕對是誤用。他不反對愛國主義，但是，請先自問，你所愛的這個國家，滿足了他為國家設下的嚴苛標準與崇高目標嗎？

柏林大學校長

一八〇九年，普魯士國王腓特烈．威廉三世同意知名學者洪堡（Wilhelm von Humboldt, 1767-1835）的倡議，設立了柏林大學。當時要設立柏林大學的原因是，拿破崙佔領了大部分的普魯士領土，哈勒大學被迫關閉，普魯士只有更東邊的奧得河畔法蘭克福以及柯尼斯堡還維持著大學運作。因此，原來被派駐義大利擔任外交官的洪堡，被委託回柏林領導一個教育改革小組，在首都創設大學，除了彌補普魯士高等教育學府之不足，也希望能有一所現代化的大學。

2 邁涅克，《德意志的復興時代》。黃福得譯。臺北：聯經，二〇〇八。頁五六。

因此，這所大學可說承載著普魯士學術希望之未來。創校之始，洪堡便希望引進德意志最好的學者，除了洪堡自己教學外，知名神學家施來爾馬赫（Friedrich Schleiermacher, 1768-1834）、法學家薩維尼（Karl Friedrich von Savigny, 1779-1861）都來到這裡，而剛剛舉行了知名演說的費希特，便被找來擔任哲學系教授及系主任。一八一一年，他被選為首任校長。

因為費希特，使得柏林大學成為一所不輸給歐洲其他名校的哲學重鎮。一八一四年，費希特病逝於柏林。但是他的逝世，並未中斷了柏林大學的哲學傳統。接任費希特留下的教職的，是另一位大名鼎鼎的哲學家——黑格爾。當時黑格爾在海德堡大學教授哲學，一八一七年出版了《哲學百科全書》，在學界極為受重視，於是接到普魯士聘書，一八一八年開始擔任柏林大學哲學教授，一八二九年接了費希特的另一個位置：柏林大學校長。

這個天才輩出的時代，康德、謝林、費希特、黑格爾一起打造了熠熠生輝的德意志觀念論。費希特雖然離世了，但是他為德意志民族點起的火光，被黑格爾接了下來。

《糾正公眾對於法國革命的評論》中，費希特這麼交代他的寫作。他說他的根本原則是「不要寫下你自己看了必然會羞愧的東西。」寫作者要自問：「你願不願意，你的同代，以及未來的所有世代——如果會流傳下來的話——都知道你寫了這樣的東西？」費希特的著作值得每一個苦思德國民族之責任、使命、未來的這個世代一讀再讀，我想，即使曾經被納粹視為民族主義之國師，但是他的寫作是無愧於心的。

4〉黑格爾

謎般的哲學手稿

我喜歡讀黑格爾（Georg Wilhelm Friedrich Hegel, 1770-1831），雖然在這個時代有點過時，可是我總覺得他的作品裡面有一種潛藏的熱情，讀起來很有韻味。二〇一七年是他的《精神現象學》出版二百一十年，《哲學百科》出版二百年，正是再讀這個德國哲學大師的時機。但在這篇文章裡我想談談成為大師前的青年黑格爾及他的室友們。

先說一個小故事。二十世紀初期出現了一份謎般的零散文件：〈德意志觀念論最老的系統綱要〉（Das älteste Systemprogramm des deutschen Idealismus），擁有它的買賣古典文件書商無法交代文件來源，作者不詳，但是字跡是黑格爾手書。這份文件由柏林皇家圖書館於一九一三年在拍賣會中買下，一九一七年時由知名黑格爾研究者弗蘭茲·羅森茨維格

（Franz Rosenzweig, 1886–1929）公開此文件內容，點燃了黑格爾學界的爭論。這份文件應該是一七九七年時，由黑格爾親手寫下，可是部分學者認為文件內容、哲學用語不符合青年黑格爾的用法，考據後做出大膽推測：這手稿是黑格爾抄錄他的好友謝林（Friedrich Schelling, 1775-1854）或是荷爾德林的思想。

不管這份手稿的真正作者是誰，一件事情是可以確定的：黑格爾、謝林與荷爾德林三人之間有密不可分的關係。

勤讀盧梭的神學院學生

這三人認識於求學時期，那是深刻影響黑格爾思想成型的幾年。《世界週報》（*Die Welt*）記者戴斯納（David Deißner）在〈黑格爾在哲學宿舍裡的狂野年代〉（Hegels wilde Jahre in der Philosophen-WG）這篇文章裡，詳細描述了黑格爾進大學時的思想養成時期。他在一七八八年赴杜賓根，拿了一個公爵提供的獎學金讀神學，入學前他還寫了信給公爵，保證自己會認真勤奮讀書，專心準備畢業後成為稱職的神學人員。

這封信保證的事情後來並沒有成真。黑格爾一進大學，讀到那個時代最精彩的經典，整個人就著迷了。那個影響他最大的人就是盧梭。他雖是神學院學生，但是很快忘記答應要成

黑格爾[1]

為神職人員這件事（雖然獎學金還是照拿），去哲學系讀康德、席勒、柏拉圖、孟德斯鳩等神學系不會讀的東西，開始了他一生對於政治哲學不歇的熱情。尤其是盧梭，這位法國哲學家的文字極具感染力，一點都不像康德那麼硬梆梆（雖然康德也愛讀盧梭）。當時黑格爾的教會宿舍裡，一些學生組成康德讀書會，黑格爾就以正在研讀盧梭為由婉拒參加。他讀盧梭政治哲學中的共意志（volonté générale）正起勁。

黑格爾著迷於這種代表全人類的意志，其實也有時代背景：他進大學的第二年就是法國大革命。哪個青年學生不會對於這個強調自由、平等、博愛的革命感到興奮？尤其黑格爾又生活在封建主義中的德意志大地。這種時代的背景更使得黑格爾不可能乖乖走上神職之路。當時黑格爾便放下聖經，參加宿舍組成的政治討論會與讀書會，勤讀當時被禁的法國報刊，追蹤來自革命國度的第一手消息，盼望著革命的火花也延燒到德國。

這樣的時代背景，再加上謝林與荷爾德林兩位室友，完美打造了黑格爾的狂野青春。

1 https://de.wikipedia.org/wiki/Georg_Wilhelm_Friedrich_Hegel#/media/File:1831_Schlesinger_Philosoph_Georg_Friedrich_Wilhelm_Hegel_anagoria.JPG

哲學共同體

一七八八年，黑格爾入學時即認識了一同搬來宿舍的荷爾德林，謝林則在一七九〇年時入學，當時他以天才兒童身分進入杜賓根大學，十四歲已經通希伯來文、阿拉伯文、法文、英文、義大利文、西班牙文、希臘文與拉丁文，能讀西方與中東各種經典。而荷爾德林也擅長希臘文〔曾翻譯《安蒂岡妮》（*Antigone*），他也帶領黑格爾深入希臘古典世界〕，在學生時代就已開始準備其名作《希伯利翁》（*Hyperion*）。德文中說起同住的室友，會說他們住在一個WG —— **Wohngemeinschaft**，直譯就是居住共同體。黑格爾與謝林、荷爾德林不僅是居住共同體，也是精神上的共同體。他們為讀神學而來，卻產生了超越神學的精神聯繫——恩格斯（Friedrich Engels, 1820-1895）曾說到宗教一詞是從 religare 一詞來的，本就是聯繫之意。因此，人際的任何聯繫都是宗教。這三人也可以說以其精神聯繫創立了一種哲學宗教。他跟一流的思想者、詩人同住，每日談論世界的精神，思想早已超出神學院能給予的內容，怎麼能安於未來做一個神職人員？想到他住在這樣的宿舍裡，大概就能理解，為什麼在他的第一本書《精神現象學》裡有那種提出新科學的狂放熱情。

一七九一年，宿舍的一些學生約好，到附近的草原種下一棵自由之樹，並呼喊著「自由萬歲！」（*Vive la liberté!*），黑格爾與謝林也在其中。後來這件事傳到公爵卡爾・歐伊根（Carl

Eugen, 1728-1793）耳裡，大怒，學生想要自由，嚮往法國革命，豈不是要革這些地方貴族的命嗎？他於是親自跑去宿舍調查，領頭的學生逃了，黑格爾跟謝林倒是逃過一劫。

沒有人理解我

黑格爾對於時代變化的期待有沒有反映在他的思想上？對此，海涅已在其《論德國宗教與哲學史》（*Zur Geschichte der Religion und Philosophie in Deutschland*）中清楚指出黑格爾的學院晦澀詞彙中富藏著革命思想。不過他的思想體系龐大，可以被詮釋為有革命的部分，也可被詮釋為國家的御用學術。因此，海涅感嘆地在該書中提及這樣的軼事：黑格爾臨終前在病床上說：「只有一個人理解我。」然而說完這句話後，他又惱怒地接著說：「不，他也不理解我。」

我們無法宣稱自己是那唯一理解他的人，但是確實可以讀到那個呼喊自由萬歲的神學院學生對於變革的期望。這種青年黑格爾的熱情影響了後來的黑格爾左派分子，也在一八四八年革命上起了推波助瀾的作用。

恩格斯在《費爾巴哈和德國古典哲學的終結》（*Ludwig Feuerbach und der Ausgang der klassischen deutschen Philosophie*）中談黑格爾的哲學革命及其限制。他寫道，法國大革命的同時，德國也醞釀著革命，但卻是以哲學革命作為政治變革的前導。法國人與官方學說、教會、國家公開鬥爭，隨時準備攻進巴士底監獄，而德國人是大學教授用哲學體系搞的革命。他嘲諷地問：「在這些教授後面，在他們的迂腐晦澀的言詞後面，在他們的笨拙枯燥的語句裡面竟能隱藏著革命嗎？」認為這種談革命的哲學使人混亂，例如，「不論哪一個哲學命題都沒有像黑格爾的一個著名命題那樣引起近視的政府的感激和同樣近視的自由派的憤怒，這個命題就是：凡是現實的都是合理的，凡是合理的都是現實的。」

支持現存制度的人感謝黑格爾把一切神聖化，「在哲學上替專制制度、替警察國家、替王室司法、替書報檢查制度祝福」；但是恩格斯也指出黑格爾哲學可以被詮釋為現實尚未被實現為必然，「根據黑格爾的意見，現實性決不是某種社會制度或政治制度在一切環境和一切時代所固有的屬性。恰恰相反，羅馬共和國是現實的，但是把它排斥掉的羅馬帝國也是現實的」。一種新的、富有生命力的現實的東西具有發展為必然的力量，會代替正在衰亡的現實的東西，「凡在人們頭腦中是合理的，都註定要成為現實的，不管它和現存的、表面的現實多麼矛盾。按照黑格爾的思維方法的一切規則，凡是現實的都是合理的這個命題，就變為另一個命題：凡是現存的，都是應當滅亡的。」

不過恩格斯也指出，黑格爾本人並沒有這樣清楚的主張，但這是他的哲學方法必然要得出的結論。為什麼黑格爾這麼含蓄地談變革？「因為他不得不去建立一個體系，而按照傳統的要求，哲學體系是一定要以某種絕對真理來完成的」，恩格斯批判，因此黑格爾的徹底革命的思維竟產生了極其溫和的政治結論，他嘲諷：「黑格爾是一個德國人，而且和他的同時代人歌德一樣拖著一根庸人的辮子。歌德和黑格爾各在自己的領域中都是奧林帕斯山的宙斯，但是兩人都沒有完全脫去德國的庸人氣味。」

因此可以說，黑格爾以一個德國哲學家的身分期待著變革，可是也正因為他的德國哲學家身分，使他堅持著體系與絕對真理，這種革命的哲學因而被恩格斯視為德國庸人氣味裡的茶壺風暴。可是在他的青年階段，在還沒有建立哲學體系、還沒登上奧林帕斯山的時候，在那個宿舍裡，嗜讀盧梭的學子以熾熱的眼光望向了法蘭西共和國。恩格斯即說，黑格爾一輩子都對法國大革命抱持好感。

離開神職之路

回到時代背景看當時黑格爾的思想養成。他與他的室友三人原讀神學，雖然後來其思想並未離開宗教議題，但是神職不再是他們的職業目標，其中一人成為宮廷文人，兩人歷任貴族家教、中學及大學教授。這個發展其實也不全是個人志趣決定，還有時代變化使然。

英國二戰前的知名日爾曼學教授布魯佛特（Walter H. Bruford, 1894-1988）曾在其名作《歌德時代的社會狀況》（*Die gesellschaftlichen Grundlagen der Goethezeit*）中說明十八世紀時德國讀大學的情形，他指出當年的大學生主要有兩種，一是出身上層家庭的子弟，到大學裡學習國家學與法學等治國之術，未來畢業後也立志成為世界的政治人才，也會到政府去實習；另一種則是來自中下階層的學生，讀的幾乎都是神學或教育，希望畢業後從事神職。這些神學院學生幾無例外來自家庭經濟狀況與社會地位不佳的家庭，特別是來自神職人員家庭。這些大學生多數必須仰賴有信仰的貴族或富商的獎學金，但許多沒有經濟來源的大學生待不了多久即退學。而這些學生畢業後所找到的第一份工作，往往是私人教師或拉丁文學校教師，或任職宮廷，直到他們被任命為正式神職人員為止。

黑格爾與他的室友們就是典型來自神職人員家庭、依賴獎學金、憑藉其聰慧進入傳統大學學習的神學院學生，可以想像他們處在那些學習治國之術的同學裡，在那個時代氛圍裡厭惡貴族並盼望著革命的心情。

之前神學院學生們最終目的都是為了從事神職，學校教職只是過渡，除非必要，沒有人會一直待下去。可是這種情形在十八世紀末葉至十九世紀初有了改變，教職取得獨立的社會地位，不再被認為次於神職。就在這樣的社會狀況變化中，三人離開了神學院，卻沒走入教會。

杜賓根的傳奇

離開大學後，三人保持長久友誼，荷爾德林住在法蘭克福近郊貴族居住地巴得洪堡（Bad Homburg），去當宮廷文人並幫貴族管理圖書。在他的介紹下，黑格爾也於一七九七年來到法蘭克福為貴族工作——正是黑格爾手抄那份謎樣文件的一年。而謝林後來去了耶拿大學教書，黑格爾也去當了同事，兩人且合開哲學課程——直到拿破崙於一八〇六年攻到耶拿，黑格爾匆匆忙忙抱著《精神現象學》手稿逃到班貝格（Bamberg）。

看看這三人在人類文明上留下的足跡，不能不感嘆，這世界上確實有超出人類能理解的更高存在，否則我們無法解釋這樣的巧合：這三個都有著Friedrich名字的室友，都來自德國西南地區的神職人員家庭，到了杜賓根大學讀神學，卻沒有人成為神職人員，都以其天才對人類思想發展起了絕對的影響。倘無這三人，今日德國人文學界的景象絕對完全不同。

這三人是杜賓根大學永遠的傳奇。杜賓根大學奇蹟般產生這麼耀眼的世界精神的那幾年，始終為德國思想界津津樂道。英文有個德文沒有的特別說法：Embarrassment of riches，意指多到不可思議的美好——例如史學家夏瑪（Simon Schama, 1945-）形容荷蘭在黃金年代的文化盛況的暢銷書就用了這個書名——黑格爾讀書時的宿舍，說是Embarrassment of intellectual riches也當之無愧。一八七七年時，杜賓根大學為紀念創校四百週年校慶，委由學者克萊博（Julius Klaiber）編著《荷爾德林、黑格爾與謝林的施瓦本青春歲月》（*Die schwäbischen Jugendjahre von Hölderlin, Hegel und Schelling*），以誌那一段宿舍的哲學年月。他們除了是杜賓根大學的驕傲，也是施瓦本地區的驕傲，詩人包魯斯（Eduard Paulus）便曾作詩，說明施瓦本地區盡出人傑：

Der Schelling und der Hegel（那謝林與黑格爾）
der Schiller und der Hauff（那席勒與豪夫）
das ist bei uns die Regel（在我們這兒都是一般標準）
und fällt uns gar nicht auf.（一點都不醒目）

黑格爾與莎士比亞

我讀歌德，發現很多莎士比亞的痕跡，覺得這兩位作家很值得比較，兩位都是奠定了一個國家民族認同的文人，沒有這兩個文化巨人，不能想像今日的英國與德國之面貌。可是他們卻又都超出了國家的疆界，成為世界的作者。

其實不只歌德，黑格爾、馬克思都喜愛在著作中引用莎士比亞，例如馬克思《資本論》第一卷談商品的價值的對象性（Gegenständlichkeit）時，就引用了莎士比亞的《亨利四世》，說我們對待商品的價值的對象性，可不像對荷提（Wittib Hurtig）一樣那麼知道如何把握——這是該劇一位妓女的名字，馬克思這樣信手拈來的雙關語典故，除了顯示他的機鋒，也意味著當時德國人讀莎翁、引用莎翁的喜好。某種意義上來說，莎士比亞雖是英國作家，也算是德國文化巨人養成的教養財（Bildungsgut）。

翻閱黑格爾書信、著作等資料，的確有一些黑格爾與莎士比亞的連結。黑格爾很年輕時，剛剛畢業，沒什麼工作，他在大學同學的介紹下來法蘭克福擔任貴族的家庭教師。當時大學生很常去貴族家擔任家庭教師，尤其是神學院學生，因為他們多半嫻熟希臘文與拉丁文。在法蘭克福生活期間，他寫了一篇文章〈愛〉（Die Liebe），便引用了莎翁最知名的愛情劇。黑格爾這麼說愛情中的付出與接受：

> 愛情是雙方面的取與捨……那接受的人，不會因為接受就比另一個人更富有；他雖得到更多了，但只與對方一樣多。而那付出的人也不會因而更貧困；他向對方付出，卻能

使自己的珍寶增加；那就是茱麗葉與羅密歐；我付出的更多，我便擁有更多……

（黑格爾一七九七年手寫稿，收於《黑格爾在柏林》（*Hegel in Berlin*）一書）

黑格爾於一八三一年十一月病逝於柏林。隔年一月，也病重的黑格爾的妹妹克里斯提娜（Christiane），寫信給黑格爾的遺孀，這樣懷念她的哥哥：

八歲時，非常喜歡他、對他後來的教育起了很大影響的老師勒弗勒（Löffler），送了埃森堡（Eschenburg）所翻譯的莎士比亞劇作給他，在書上提了辭：你現在還不能理解莎士比亞，但是你很快將學會讀懂莎士比亞。

後來，黑格爾不只理解了，也非常熱愛莎士比亞。他在《精神現象學》裡也引用了《馬克白》與《哈姆雷特》，讀這本哲學家的名作，看那最單純素樸的意識如何一步步成為理性、精神、世界精神，不也覺得彷彿一齣用哲學語言寫成的、主角經歷重重試煉、最後完美其人生的戲劇嗎？

順帶一提，黑格爾的妹妹說，她與哥哥從前最愛讀的一齣莎翁劇作，是《溫莎的風流婦人》（*The Merry Wives of Windsor*）。這部戲裡不斷出現的整人橋段讓兄妹倆看得樂不可支啊。

黑格爾教授開設邏輯與形上學課程

讀黑格爾，看了一些非常有意思的歷史資料。黑格爾以《精神現象學》宣告他在哲學界的登場，一夕成為德國哲學新星，比他早成名的同學謝林從此無法趕上他的地位。後來一八一六年黑格爾去了海德堡大學當正教授，並在那裡寫出了《哲學百科全書》，名震全德，一八一七年年底受到柏林的召喚，結束了短短在海德堡的時間，一八一八年冬季學期開始在柏林大學擔任教授，接任費希特過世後遺下的教席，登上其學術生涯高峰。

一八一九年夏季學期，是黑格爾剛剛來到柏林大學哲學系的時候，當時的柏林大學課程表寫著：「黑格爾教授開設邏輯與形上學課程，依據他的《哲學百科全書》第十二至一九一節，每週五次，四點到五點。」

「邏輯與形上學」是他最招牌的課程，當年剛剛到耶拿大學擔任年輕講師時的第一堂課也是這個。黑格爾的課獲得非常大的迴響，後來課堂擠入越來越多外系、甚至非學生的聽眾，來聽這位來自斯圖加特的天才用施瓦本腔調講授世界精神。

台下坐的其中一個學生就是後來也拜馬克思與恩格斯批判之賜大名鼎鼎的費爾巴哈（Ludwig Feuerbach），特地從巴伐利亞跑來柏林聽他的課。費爾巴哈非常喜歡黑格爾的講課，尤其是邏輯，兩年內去上了兩次。後來，一八三五年耶拿大學哲學教授巴赫曼（Carl Friedrich Bachmann，也就是授予馬克思博士學位的系主任）寫了一本《反黑格爾》（*Antihegel*），抨擊黑格爾的哲學體系，費爾巴哈立刻在當年寫了一本《對反黑格爾的批判》（*Kritik des Anti-Hegels*），用非常激烈的語氣捍衛了他的老師，說這個巴赫曼對黑格爾的攻擊是非理性的、充滿自私的謾罵。

就這樣，越來越多學生聚集到他的課堂，形成了學派。黑格爾作為普魯士首席哲學家的地位從此奠定。看看後來幾年的課程目錄，可以發現他主導了德國哲學界當時的發展。許多同系的其他教授，授課也用他的著作。

一八二〇年到一八二一年，他擔任哲學系主任，一八二九年成為柏林大學校長，一八三一年病逝，葬在柏林，旁邊就是另一位柏林大學校長費希特的墳墓。

奇特的是，黑格爾一死，其學說立刻被學界大部分人遺忘了，最知名的證言就是馬克思說的，黑格爾被他那時代的人當成「死狗」時，只有馬克思仍自居為「這位偉大思想家的學生」。

順帶一提，那位黑格爾的學生費爾巴哈，也是個奇特的人。我手上有一本書，是作家歐冷貝格（**Herbert Eulenberg, 1876–1949**）於一九二四年出版的《費爾巴哈家族》（***Die Familie Feuerbach***），讀的時候非常讚歎其家族的傳奇。

費爾巴哈的父親安森・封・費爾巴哈（**Anselm von Feuerbach, 1775-1833**），簡直是一代法學天才。如果要說學術界也有貴族制度的話，費爾巴哈家族當之無愧。費爾巴哈的祖父也是法蘭克福的知名律師，父親也在耶拿大學拿到哲學及法學兩個博士，並完成法學教授資格，成為大學教授，是德國現代刑法學的先驅，也在兩百多年前寫了《巴伐利亞刑法典》。

這位安森・封・費爾巴哈生了五男三女，男孩子們全是人中之龍。

長子約瑟夫（**Joseph Anselm Feuerbach**），巴伐利亞科學院院士、考古學家及語言學家。

次子卡爾（**Karl Wilhelm Feuerbach**），弗萊堡大學數學博士，是中學數學老師，可惜三十四歲早死，否則必然有更高學術成就，數學中的「費爾巴哈圓」（**Feuerbachkreis**）（又稱九點圓 **Neun-Punkte-Kreis**）就是以他命名。

三子愛德華（**Eduard August Feuerbach**），艾爾朗根及慕尼黑大學法學教授。

四子就是那位黑格爾的學生，是熟知德國哲學的人必然知道的名字，《費爾巴哈論綱》中的那位費爾巴哈。他為了去柏林上黑格爾的課，不顧父親反對，進入哲學系就讀，是馬克思的友人，最後拿到哲學博士及教授資格，並成為德國知名哲學家。

五子弗里德里希（Friedrich Heinrich Feuerbach），是語言學家，曾翻譯多本梵文、西班牙文、義大利文、法文著作。後期在他四哥影響下，也成為黑格爾主義者，轉向哲學研究。有學者認為，如果費爾巴哈是天才之家，這位么子就是天才中的天才。

那本書可以讀到，四子費爾巴哈咬牙切齒地恨著他的法學家父親，他這樣寫著：父親是所有人類中最可惡、最讓他痛恨者。可以想像，當年他不願讀法學、毅然決然投入黑格爾門下，除了黑格爾本身的教學魅力，生在法學之家、對父親的抗議也是決定性的因素。

我曾造訪基爾（Kiel），湊巧經過一條街道、設有紀念碑，說這裡曾經是安森．封．費爾巴哈在基爾大學任教時的故居，說他是德意志最重要的法學教授之一，並改革了德意志刑法。然而我卻只想起，他曾經多麼被自己的兒子憎恨著。

（本文初稿發表於香港01媒體哲學版）

5〉海涅

失敗的法律人

這個時代，很少人讀海涅（Heinrich Heine, 1797-1856）了。

海涅生於一七九七年的杜塞道夫，是該市最知名的文學家，也因此今日的杜塞道夫大學便命名為海因李希・海涅大學，市中心也保存了海涅故居及博物館，每年吸引不少國內外旅客來訪。

大學時，他去了波昂、柏林及哥廷根讀法學，不過，他讀法學也許只是為了經商的猶太裔父母要求，他的母親認為，在德國，法律人的影響力越來越大，而她也很害怕自己的兒子未來真的走上詩人之路，因此把他送到剛剛設立的波昂大學，跟著許多知名法學教授學習，但母親的憂心是有道理的，他自己更有興趣的是哲學與文學。二十歲那年，在《漢堡的守衛

海涅[1]

者》（*Hamburgs Wächter*）期刊上發表了他第一首詩，從此開始創作。

後來到柏林時，他去上了當時普魯士如日中天的哲學家黑格爾的課，雖然黑格爾的課以深奧聞名，海涅還是對於黑格爾及他教授的哲學深深著迷，在其一八三四年出版的《論德國的宗教及哲學史》（*Zur Geschichte der Religion und Philosophie in Deutschland*）一書中，他盛讚黑格爾「那偉大的黑格爾，德國自萊布尼茲以來的偉大哲學家」，「把黑格爾與謝林相比，毫無可能，因為黑格爾是充滿人格魅力的」。

雖然受黑格爾影響，但是海涅其實並不認同黑格爾的政治思想。在一本小冊子裡，海涅曾經批判過「這個普魯士人」，把革命變成了「國家的喜劇」，因為黑格爾支持了「那種奴性，把現存的合理化為理性的」[2]。海涅不滿的，自然是黑格爾在《法哲學原理》中那句被用以合理化現存政治秩序的名言：凡是存在的必是合理的，凡是合理的必存在。

雖然跟著這位普魯士國師學習，但海涅並沒有轉向讀哲學，還是在一八二五年取得了法學博士學位。他並不是個全心全意的法律人，總共在德國大學上了七年的課，花費無數時間

1 https://de.wikipedia.org/wiki/Heinrich_Heine#/media/File:Heinrich_Heine-Oppenheim.jpg
2 Rolf Hosfeld, Georg Wilhelm Hegel. Berlin: Stapp Verlag, 1988, 7.

研讀法律，後來他寫道，法學是「最不自由的學科」，「《法典》是一本多麼可怕的書，真是一本自我主義者的聖經！」我參觀杜塞道夫的海涅博物館時，看到展出他學生時代的事蹟，他常常與人飲酒鬥毆，顯然不是挺乖巧努力的人。因此畢業後，顯然不太容易拿他取得的這個討厭的法律學位找到什麼好工作。在《回憶錄》（*Memoiren*）中，他也自承，對以法律謀生毫無興趣，因此在完成「那受上帝詛咒的學業」（jenes gottverfluchte Studium）後，他便「把法學博士帽高掛在掛勾上」（hing ich meinen juristischen Doktorhut an den Nagel）。

此後，他便全新投入創作生涯。那段期間有一餐沒一餐，所幸他有錢的銀行家叔叔總是及時伸出援手，讓他順利走向文學家之路。這位叔叔後來說起這位姪子，曾經這麼評價：「他如果真的好好學點什麼法律的東西，就不需要寫書了。」

身為作家，海涅在德國並不愉快，因為當時的德國還處在老舊封建制度裡，沒有出版自由，他想出版的書必須先送審才能付印，對此海涅極為不滿。據說海涅曾經在各邦國的國界上被守衛攔下，盤查是否攜帶了禁書，他答說，他的腦子裡裝滿了禁書的內容，要嘛就把腦袋砍下，要嘛就放行。可見海涅對思想審查的不滿。也難怪他會對於黑格爾的「凡存在必合理」一說如此憤恨。

另一種他不滿的「存在」，是德國的反猶主義。來自猶太家庭的他，親身經歷了德國的反猶問題。海涅的家鄉曾是拿破崙佔領區，一八一一年拿破崙領軍進入了杜塞道夫，十幾歲的海涅目睹拿破崙的風範，仰慕不已。這位被黑格爾稱為「馬背上的世界精神」的法國統治者，在法國佔領區引入了必須平等看待猶太人與德國人的法律制度，但是那種生根於德國文化中對猶太人的敵意，還是無法因為拿破崙而消除。海涅曾經在學校裡遭受霸凌，在大學裡也因為是猶太人不被允許參加兄弟會。為了避免反猶主義，他甚至改宗基督教。他原來並不深信猶太教，改宗後也不信基督，純粹為了實用目的接納宗教，但是，那種根深蒂固的文化與種族歧視終究縈繞不去。後來他說「之前，我在基督徒中被敵視，而現在，敵視我的除了基督徒，還有猶太人」。

就在這些原因下，海涅決定於一八三一年離開德國，或者說，根本沒有他可以決定的空間，作為一個找不到工作的德國猶太人，想要在自由的空氣中寫作，似乎只有離開德國一途。他決定去一個以自由、平等、博愛為立國精神的地方，實現他的寫作夢。

記者生涯

海涅曾經兩次赴義大利旅遊。去文藝復興的重鎮壯遊，已經是德國文人與藝術家必要的生命體驗，最知名的就是歌德曾經在生命低潮時，花費幾年的時間在義大利找回創作能量。

可是，海涅對義大利的評價不高，在他的紀錄裡可以讀到，義大利使他感到無聊。與義大利相比，法國卻從不無聊。作為一個拿破崙的敬仰者，一個與法國如此緊密關聯的杜塞道夫人，這是再自然不過的。

他出生時的杜塞道夫，處在法國佔領下。在《回憶錄》中他這麼寫著：「我出生在充滿懷疑精神的十八世紀末期，在一座城市裡，這裡的主宰者不只是法國人，還有法國的精神。」這種氣氛中成長的詩人，在某種意義上法國也是他思想的原鄉。於是他去了巴黎，那個他稱為具有魔力的城市、歐洲的精神首都、革命的首都的巴黎，成為他的第二故鄉，甚至是他娶妻、終老及離世之處。

他抵達巴黎時，在塞納河畔租了一間小屋，出沒首都的文學沙龍，認識了喬治．桑、巴爾札克等當時引領文藝風潮的知名作家，並且與左派運動者來往。當時法國大革命才發生不過五十年，四處都還留著革命的痕跡，空氣呼吸起來如此自由。他巴黎舊居的外牆上，刻著他在一封信裡對巴黎的盛讚，他用法文寫道，在巴黎的海涅如同「在水裡的魚」（comme un poisson dans l'eau）。

此外，他並稱許法國人的教養、優雅，以及善於使用法文稱讚他人。在《自白》（*Geständnisse*）一書中，他描述穿過萊茵河、往法國去，進入巴黎的心情。一切都那麼美好，人們的穿著如同從時裝雜誌中走出來，而「我印象深刻，每個人都說法文，這對我們來說是高雅的世界。這裡一整個民族都那麼高雅，如同我們那裡的貴族」。

在這個高雅的世界裡，他找到了真愛。那是一位名叫瑪蒂德（Mathilde）的巴黎女子，職業是鞋店銷售員，與海涅是完全不同類型的人，不只不懂文學，甚至不能閱讀及寫字，但是，兩個人就是愛上了。婚後，家裡時常有德國來的客人拜訪，瑪蒂德問了客人「聽說我的丈夫是有名的詩人，這是真的嗎？」

為了生計，他也成為記者，當時他擔任德國《教養者早報》（*Morgenblatt für gebildete Stände*）、《廣訊報》（*Allgemeine Zeitung*）的巴黎特派員。知名的文學評論家萊西—拉尼茲基便稱他為「德國詩人中最有名的記者，也是全世界記者中最有名的詩人」。

對祖國的愛恨

提到海涅，不能不談他對德國的情感。許多人知道他一八四四年知名的詩作〈夜思〉（Nachtgedanken），開頭的詩句就是：

當我夜裡想起德國，

我便不能成眠，
我便無法闔眼，
不禁淚流滿面。

（Denk ich an Deutschland in der Nacht,
Dann bin ich um den Schlaf gebracht,
Ich kann nicht mehr die Augen schließen,
Und meine heißen Tränen fließen.）

海涅是恨著德國的，如同前面說的，當時的德國在封建制度下，君主掌控著一切，沒有言論自由、出版自由，也沒有憲法，沒有真正對人權的保障；海涅因為追求自由的精神，才離開德國，到了已經是共和國的鄰國。在法國度過的餘生裡，他只有兩次回到祖國。可是，他又是一個堅定的愛國者，他曾經說他熱愛德國超過一切，大概就是因為這種愛著祖國、卻又見到祖國處在令人憂心的狀況中，使他夜不成眠吧。

而他的記者工作，何嘗不是一種面對祖國的期待？他從當時的歐洲之都巴黎所寫回來的法國現況，也是一種期許。而為巴黎期刊所寫的《論德國的宗教及哲學史》一書，前言中他也寫著「從巴黎誠摯問候我的家鄉」。當時他所有的著作都在家鄉被禁，但是家鄉仍然是這位流亡巴黎的詩人念念不忘的對象。

一八四三年、四四年，他回到德國，兩次返鄉旅行的成果是那本知名詩集《德國，一個冬季的童話》（*Deutschland. Ein Wintermärchen*）。詩集前言中，他說比起法國的自由空氣，德國的氣候令人如此無法忍受，但他其實不是反德國者，「我是所有人類的朋友，只要所有人類都理性而良善。」他被德國人批評，一心偏向法國，但是他說：「我始終屬於萊茵河」、「我是自由的萊茵河的自由之子，我的搖籃在萊茵河畔，我不能接受萊茵河必須歸屬於其土地之子民以外的人。」德國的文化、語言、思鄉、詩歌，仍是他無法割捨的熱愛。他甚至這麼說：

整個世界都會是德意志的！當我漫步林中時，我時常夢見德國的這種天命以及普世的主導地位。這就是我的愛國主義。

一八四八年，德國爆發了民主化革命，來自全德的代表聚集於保羅教堂、組成議會，隔年通過了《帝國憲法》（*Reichsverfassung*）。說是革命，其實也不全然，因為與會代表並不如法國大革命參與者一樣，訴求廢除帝制，這部憲法保留了皇帝，但希望能取消一切貴族特權及頭銜。

然而即使保留帝制，這還是一部進步的憲法，代表們主張建立兩院代議制，另外取消死刑，保障通信祕密、言論出版新聞自由、信仰自由、集會自由等，在憲法草案中豪氣地寫下「人的自由不可侵犯」（**Die Freiheit der Person ist unverletzlich**）。當時他們以為終於可以在落後法國大革命六十年後，也開始在德意志大地點起民主火花，但最終在普魯士反對下，這部憲法並未生效，而保守勢力也鎮壓了民主自由派，這個討論中的第一共和終究失敗。

海涅被困在「床鋪的墳墓」[3]

馬克思在一八四八年十二月的《新萊茵報》上寫了一篇評論〈布爾喬亞階級與反革命〉（Die Bourgeoisie und die

Konterrevolution），批評一八四八年會議諸君堅持君主立憲，堅持君主的不可侵犯，沒有真正站在人民那邊，註定要失敗。他寫道，這些普魯士的布爾喬亞從一開始就背叛了人民，與王室站在一起，支持舊社會。「並非一個新社會的利益在對抗舊社會，而是在一個老舊的社會裡，再次代表了原有的利益。」海涅的立場基本上是支持革命，畢竟他正是為了被剝奪寫作及出版的自由而離開德國，然而，那種保皇黨的革命對他來說也只是一種注定失敗的革命，身在巴黎的他看到真正的革命是什麼，不可能接受一八四八年會議的妥協。

一八四八年不只是德國的宿命之年，也是海涅的宿命之年。這一年開始，他硬化症發作，健康狀況惡化，從此失去了自由行動的能力，終日臥病在床。他稱自己被困在「床鋪的墳墓」（**Matratzengruft**）。臥床八年後，他在巴黎逝世，遺骨埋於巴黎蒙馬特區，不曾再回德國。

公共知識分子海涅

這位爭自由、人權的詩人，也是批判力道十足的記者，他寫過：「我的劍就是我的羽毛

3　https://de.wikipedia.org/wiki/Heinrich_Heine#/media/File:Heinrich_Heine,_teckning_av_Charles_Gleyre.jpg

漢堡市政廳廣場前的海涅紀念像。　攝影蔡慶樺

筆。」（Mein Schwert ist meine Feder.）哲學家哈伯瑪斯曾經在獲得海涅獎的致辭中提及海涅的重要性。他分析海涅作為德國知識分子的角色，認為在德國，海涅當時不是法國意義上的知識分子，因為他並無法國知識人對公共意見的影響力。之所以如此，是因為一方面海涅被迫流亡巴黎，另一方面當時德意志大地上，實施審查制，沒有出版與言論自由，在這雙重因素下，海涅的寫作無法在公共輿論中激起漣漪。

可是到了法國，海涅終於能發揮不一樣的效果，因為法國對知識分子的重視，共和國對寫作、言論、出版、新聞自由保障的程度遠遠高於普魯士。哈伯瑪斯引用了戴高樂談及哲學家沙特時的一句名言，說明這種對於公共知識分子的敬重（或者容忍）。一九六八年五月巴黎學運時，影響力極大的知識分子沙特也跟學生們一同走上了街頭，法國內政部長想逮捕並監禁沙特，戴高樂對這位部長說：「你不能逮捕伏爾泰。」（“on n’emprisonne pas Voltaire”。哈伯瑪斯引用的是德譯文»Voltaire verhaftet man nicht«）

在這樣一個敬重知識分子的國度，海涅的作品才獲得了重要性。你也不能逮捕海涅，不能囚禁他，即使是病痛，都不能阻止他的寫作。因此，海涅始終是個完完全全的德國人，他的寫作是純粹德文的，德國也是他的原鄉，然而，他的光彩卻是在法國才得以無限制地發揮。

海涅的文學成就，也許可以從尼采一段評語中看出。在《看哪，這個人》（*Ecce homo*）

中，尼采寫道：「海因李希．海涅給了我一個有關抒情詩人的至高概念。我在千百年來的所有王國中徒勞地尋找一種既甜蜜又熱烈的音樂。海涅具有那種神性的惡意，沒有後者，我是不能設想完美之物的，……還有，海涅是怎樣運用德語的啊！有朝一日，人們終將說，海涅與我絕對是德國語言的頭等藝術家——遠遠超越了單純的德國人用德語所做出的全部成就。」[4]

不過，也許海涅自己並不那麼在意尼采或者其他後人如何看待他的文學成就。今日，漢堡市政廳廣場前的文豪海涅紀念像，座上刻著他的名言：「我從未注重詩人的名聲，我也不怎麼在意人們喜不喜歡我的詩歌。但是請你們在我的棺木上擺一把劍，因為，在這場解放人性的戰役裡，我曾是一名英勇的戰士。」海涅在其《旅行圖像》（*Reisebilder*）中寫到這段話，認為他的所有詩作都是為了詩之外的崇高目的，並說他期待的不是棺木上的桂冠，而是一把劍。這句話如此出名，在杜塞道夫的海涅之家博物館牆上也掛上了這句話。

4 尼采，《瞧，這個人》，孫周興譯。臺北：大家出版，二〇一八，頁八二。

6〉馬克思

那個狗屎終於要完成了

前幾年，德國上映了一套叫好叫座的紀錄片電影《德意志人》（Die Deutschen），介紹影響德國歷史發展與左右德國認同的系列人物。其中一集介紹馬克思（Karl Heinrich Marx, 1818-1883），稱他是繼馬丁．路德之後影響世界史最大的德國人。不過兩人在今日受注意程度相差甚遠。二〇一七年剛好是宗教改革五百週年，德國出版界視為盛事，推出多本專書及活動。相對於路德，馬克思的學說在德國統一後這些年來沉寂許多。

其實二〇一七年正是應該再探討馬克思的最佳時機，因為這對於社會主義來說是極具意義的時候——二〇一八年是馬克思冥誕兩百年，而二〇一七年是俄國十月社會主義革命一百週年，也是《資本論》第一卷出版一百五十週年。此時各大書店已經針對馬克思著作推出主題書展，而學術單位也紛紛規劃重新探討其思想的研討會，例如歐登堡（Oldenburg）大學三月研討會「資本論一百五十年：批判中的資本論」（150 Jahre Das Kapital–Das Kapital in der Kritik）以及特里爾（Trier）大學十月研討會「二〇一七年馬克思會議：二十一世紀的理論與實踐」（Marx Kongress 2017–Theorie und Praxis im 21. Jahrhundert）。

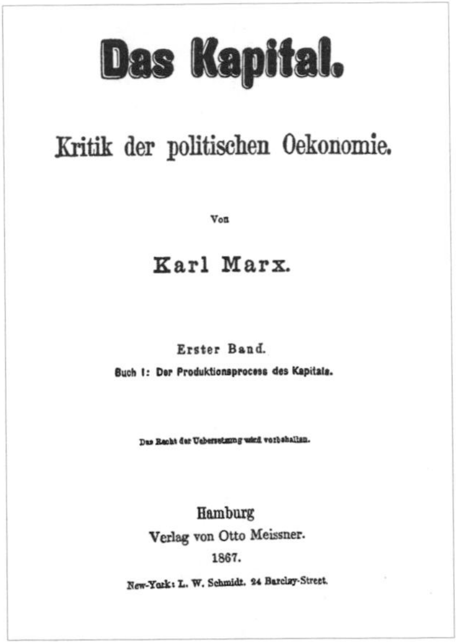

Das Kapital.

Kritik der politischen Oekonomie.

Von

Karl Marx.

Erster Band.

Buch I: Der Produktionsprocess des Kapitals.

Das Recht der Uebersetzung wird vorbehalten.

Hamburg

Verlag von Otto Meissner.

1867.

New-York: L. W. Schmidt. 24 Barclay-Street.

《資本論》書影[1]

一八六七年，馬克思耗盡多年心血，終於在倫敦寫成資本主義分析巨著《資本論》第一卷，在當年八月出版。在第一版的序言中，他說《資本論》是一八五九年出版的《政治經濟學批判》延續的成果，之所以會花了這麼多年才能寫成《資本論》，是因為他多年疾病纏身。漫長的貧困生活以及無窮盡的閱讀材料及寫作壓力，幾乎要壓垮他，一八六七年八月十四日在一封寫給恩格斯的信裡，他說：「本週，那個狗屎終於要完成了。」（Diese Woche wird also die Scheiße fertig.）可以看出他終於可以擺脫這個重擔的心情。

不過，雖然稱為狗屎，馬克思還是相當得意他終於能對資本主義的生產與交易方式作出精確批判，以及發展出更完整的理論鋪陳，他寫道，比起《政治經濟學批判》，第一卷的內容不管在「脈絡、完整度或表達方式」上都更好。

第一卷的標題是「資本的生產過程」（Der Produktionsprozeß des Kapitals），馬克思在開頭描述商品（Ware）的特殊地位，包括商品與勞動、勞動者與僱主之關係。他知道商品性質抽象難懂，但是這個開頭卻是他政治經濟學的核心，因此花了特別多心力寫作。他寫道：「對每一門學術來說都是萬事起頭難，對於第一章——也就是包含商品分析的段落——的理解，因而會造成最大的困難。而那些更加涉及價值本質與價值量的部分，我已盡可能地使它們通俗易懂（popularisiert）。」[2]

出版史

《資本論》不是憑空蹦出來的，而是馬克思長期思想累積發展的成果。他自己曾表示，

1 https://de.m.wikipedia.org/wiki/Datei:Kapital_titel_bd1.png

2 MEW (Marx-Engels-Werke) 23: 11.

馬克思[3]

一八五七年寫成的《政治經濟學批判綱要》（*Grundrisse der Kritik der politischen Ökonomie*）可被視為後來《資本論》的原始稿，而接下來幾年間馬克思陸續完成多卷《政治經濟學批判》（*Zur Kritik der politischen Ökonomie*），可見馬克思的政治經濟學經歷至少十年發展，不斷閱讀書寫觀察，最後才推出了《資本論》。在《政治經濟學批判綱要》中已經可以看到《資本論》處理的主題：價值、工資中的剩餘價值、資本的生產過程、流通過程、資本與利潤的關係等等，而經過十年鑄一劍，馬克思逐漸完善他對這些原料的加工，認為終於能夠提出一個精確明白的政治經濟學學說，以作為切入世界史的工具，也作為工人運動的理論之作。

回到第一卷出版之際馬克思的書信裡，可以感受到當時他如何自豪能清楚地闡釋複雜理論，並高度期待自己在德國被接受。《資本論》第一卷雖然在英國寫成，但是他找到漢堡的出版商歐托．邁斯納（Otto Meißner），並為了出版事宜從倫敦到了德國。一八六七年四月十七日，馬克思從漢諾威寫信給日內瓦的友人貝克爾（Johann Philipp Becker），說手稿已交由邁斯納送印，以便趕在五月底上市，並預告了書名為《資本論：政治經濟學批判》（*Das Kapital. Kritik der Politischen Oekonomie*），第一卷為「資本的生產過程」，該書對於包括地主在內的市民將有爆炸性的作用，請求貝克爾運用其媒體人脈，在各家報紙上宣告出版訊息[4]。

四月三十日，他同樣從漢諾威寫信給紐約國際工人協會的梅爾（Sigfrid Meyer），說明自己遲未回信的原因：「我必須善用每一個還能工作的時刻，以完成我的著作。為了完成這本著作，我已經犧牲了我的健康、生活的快樂以及家庭。」他同樣說明了出版計畫，並認為其著作不只鉅細靡遺地掌握了一般學術發展狀況，還納入了過去二十年來英國最新官方文件，對

3 https://de.wikipedia.org/wiki/Karl_Marx#/media/File:Karl_Marx_001.jpg

4 MEW 31: 541.

英國無產階級有第一手的掌握[5]。

此外，馬克思還雄心勃勃地擬出版法文版。五月一日他致信達姆斯塔特的醫師暨哲學家畢希納（Ludwig Büchner），盼望他介紹適合的法文譯者，因為他被路易・菲力與路易・波拿巴驅逐通緝，無法親自去法國尋覓譯者並接洽出版事宜。他認為，《資本論》法文版勢必可以將法國讀者從普魯東的「唯心主義化的小市民思想」中解放出來，並對抗在國際工人協會具有影響力的普魯東主義[6]。

不過，他的出版計畫並不順利。五月五日寫給女兒燕妮（Jenny Marx）的信裡，他說這本書實在太厚了，以至於無法如期印製完成，書商邁斯納極為憤怒，因為之前已發出版書訊，並在各報刊宣佈上市日程。其實馬克思的說法不盡正確，從他那段時間的通信往來看得出，印製日期一再延後不只是書的厚度使然，還因為他隨時在訂正修改書的內容。

最後，八月二十七日，馬克思將第一版序言寄到紐約給梅爾，期盼他盡可能刊載於各種報刊上。那一年的九月十四日，這個命運多舛的第一卷才正式出版。出版後，一千多頁的手稿收藏於出版商的檔案庫裡，直到一九二九年由他的長孫捐贈給德國社會民主黨（SPD），後遺失於二戰戰火中，今日仍不知所蹤。

這說的正是閣下的事

雖然序言中馬克思自稱把政治經濟學弄到通俗易懂，但問題是，一般讀者並不覺得。在美國歷史學家曼努埃爾（Frank E. Manuel, 1910-2003）的《馬克思安魂曲》（*A Requiem for Karl Marx*）中，描述了當年出版這本書時的情況。在第一卷出版前，馬克思與恩格斯都興高采烈的期待，這本必將造成轟動的理論鉅作會帶來財富，將讓馬克思擺脫身心和經濟上的困境，也可以讓恩格斯不再需要花心力經商才能支持他們的革命事業。結果出版後，除了恩格斯透過不少他在經濟學界的人脈關係，刊登了一些評論外，幾乎沒有任何迴響。

馬克思當然是失望的。這本書是他累積多年的閱讀與觀察，也自豪自己從哲學進入政治經濟學後，終於能以政治經濟學者的身分處理年少時不知如何分析具體社會條件的難題。他一八四三年離開德國，去了法國與英國看到已經完成的資產階級革命，在流亡時觀察工業國家的生產與交換模式，最後滯留英國十八年後終於寫出了這第一卷。他分析的是英國的狀況，因為當時的德國不像英國有那麼大規模的工業生產與資本流通，從資本主義矛盾或是階

5 MEW 31: 542.

6 MEW 31: 544-545.

級鬥爭的廣度與強度看來，英國才是「最經典的場所」。但是馬克思的對話對象卻還是德國讀者，他勸告德國讀者不要看到本書分析英國狀況就心安了，並覺得德國還沒到那麼糟糕的程度。他呼喚這樣的天真德國人：「這說的正是閣下的事！」（**De te fabula narratur!**）[7]

當時的德國人並未讓這句拉丁文打動。或許曼努埃爾的評價正可以說出一般人不願閱讀《資本論》的原因。他認為在《資本論》中馬克思在複雜論證裡使用了大量文學類比與隱喻嘲弄，但是大部分同時代讀者關注的卻是理性論題：「……任何讀者想要完全理解書中許多的挖苦內容和意義，或是體會註腳中展現的博學，就必須受過良好教育，並熟悉德國、英國和法國文學的主要特徵，工人在這個定義下當然是被排除在精心挑選的讀者群之外。」

換言之，馬克思的博學、好辯、好用典故，加上無窮無盡的引例、開了多線論述等等的寫作習慣，使得這本《資本論》絕對不好讀。舉個例子就可以知道其閱讀難度：出版商歐托．邁斯納雖然在漢堡，但是漢堡一來沒有足夠的印刷機器能夠趕工印出這本大部頭著作，另一方面也沒有可靠的編輯有足夠能力校閱《資本論》，因此邁斯納將手稿送到當時出版業的重鎮萊比錫出版。但即使萊比錫出版業群集，理論上有最好的人才，恩格斯還是在一封給馬克思的信裡表達了他的悲觀：「我不相信萊比錫的校閱者的學識，足夠應付你的書寫方式。」[8]

思想史家以賽亞．伯林在他的馬克思傳記曾盛讚，一八六七年《資本論》第一版的問世，對於國際社會主義來說是劃時代的盛事。但其實這是後見之明，一百五十年前學界或工人都看不出來這本書的價值。後來被視為勞動階級聖經的《資本論》，因為當時乏人問津，再加上馬克思自己的身體狀況不佳，後續出版速度極慢。最後第二卷與第三卷只在多年後出版（分別為一八八五年、一八九四年），但馬克思已於一八八三年逝世。他在世時只見到了第一卷。一九六三年時德國社會民主黨慶祝創黨百年，出版鉅著《百年社會民主》（*100 Jahre Sozialdemokratie 1863-1963 SPD*），其中即收錄《資本論》一八六七年首版封面，說明該書是社會民主發展的重要思潮代表，可是作者也表示，一直到多年以後勞動階級才重視這本書的價值。

回到馬克思主義

不同於馬克思在世時候的寂寞，他的《資本論》陪著人類歷史走過了動盪的二十世紀。但是，在共產陣營跨台、冷戰結束後，《資本論》被束之高閣，共產主義／社會主義一度不再

7 MEW 23: 12.

8 MEW 31: 292.

被認為足以提供社會問題的解答。

可是，法國哲學家德希達（Jacques Derrida, 1930-2004）在上世紀九〇年代時，已寫作《馬克思的幽靈們：負債國家、哀悼及新國際》（*Marx' Gespenster: Der verschuldete Staat, die Trauerarbeit und die neue Internationale*），在共產主義垮台的後冷戰時空裡，在一片新保守主義與自由主義主導的意識形態勝利呼聲中，要為逝去的馬克思舉行「哀悼」。但是這不是安葬馬克思，而是揭示馬克思的各種幽靈仍遊蕩在當代；資本主義社會宣稱共產主義已死，甚至認為共產主義從未真正活過，是個幻象，但德希達說：「幻象從不會消亡，幻象永遠是將－來者（zu-künftig）、再－來者（wieder-künftig）。」因為資本主義的創傷未曾被治癒，我們想驅逐馬克思，但這個幽靈（或者複數：幽靈們）總是以各種姿態再現身。他在馬克思幽靈們的幻影中，提出一種無確定內容與指認對象的彌賽亞主義，呼籲建立一種解構國族與資本主義社會的「新國際」，以穿透各種組織、政黨、人民共同體、階級等認同，作為回應新世紀各種危機挑戰的答案。

德希達的「馬克思幽靈學」在九〇年代並未在德國左派論述裡引來迴響——也許太過哲學，也許他所呼籲的超越階級與國族認同的「新國際」太過抽象，也許在那個年代這樣的呼籲太過不合時宜。可是這幾年來，情況出現了新的變化，書市出現愈來愈多批判資本主義著作，學界也有一股重回社會主義的呼聲，尤其是資本主義有愈來愈失控的傾向，學者與社會運動者不能不思考，所謂資本主義的勝利究竟帶來了什麼？失控的資本以「賭場資本主義」（Kasino-Kapitalismus）形式不斷破壞金融秩序，貧富差距愈來愈難以克服，這個世界危機四起，是不是因為當代人太過信任資本主義的原因？

法國經濟學家皮克提（Thomas Piketty, 1971-）的《二十一世紀資本論》成為熱潮，說明了貧富不均問題幾百年來始終、且愈來愈困擾我們。此外，歐陸幾位知名理論家這幾年來也不約而同回到馬克思尋求答案，例如巴黎左派哲學家巴迪歐（Alain Badiou, 1937-）的名作《共產主義假設》（*Die Kommunistische Hypothese*）便主張，我們今日面對的議會民主與資本主義緊密結合的政治經濟體制，其實與一八四〇年左右年輕馬克思看到的時代類似，我們都清楚感受到了「毫無出路」，而當時的馬克思可以在毫無出路中設想出可能的出路，我們也不應該放棄，還是可以在共產主義的假設中思索解放政治的可能性；二〇一二年起，文化評論家季傑克（Slavoj Žižek, 1949-）與倫敦大學法學及政治哲學教授多茲納斯（Costas Douzinas, 1951）及巴迪歐合編的《共產主義的理念》（*Die Idee des Kommunismus*）三卷，就是為了回應巴迪歐提出的問題，收錄了歐美超過二十位左派理論者回到馬克思批判的角度。

法蘭克福大學社會研究所所長霍內特（Axel Honneth, 1949-），於二〇一五年出版《社會主義的理念》（*Die Idee des Sozialismus*），也是回到馬克思的嘗試。他不認為這個時代社會主義應該被打入冷宮，而應該試著更新社會主義的理念，讓社會主義具有解決當前問題、塑造未來的能力。

他認為，以往的社會主義傳統是從經濟學角度出發，關切的是勞動者、僱佣關係、商品、生產、交換等議題，其問題意識是建立在十九世紀工業發展的背景中，但是在二十一世紀，社會主義對於當代聚焦於「社會自由」的各種政治與個人生命形式及其問題，缺乏反應能力。當年馬克思看到的是異化勞動造成人的不自由，可是今日的問題要廣得多，「在個人關係以及民主意志形成中的強迫與宰制……今日的社會主義不再關於受僱勞動者，而更是關於政治公民」。

換句話說，霍內特擬重述當代的歷史與社會條件，並且用更新後社會主義的理念去探索這樣條件下的符合我們經驗的世界，以確保我們存在於此社會的政治與個人自由。他認為只要我們把社會理論架構更新，就會發現兩個世紀前被倡議的社會主義中「仍有生機勃勃的火花」（ein lebendiger Funke）。

對於這個呼喚回到社會主義、並完成社會主義的未竟之業的哲學家來說，他看到的今日社會有何問題？他認為我們生活在一種奇特的分裂中：一方面我們對於社會與經濟關係發展的畸形模式、對於資本主義與市場經濟的弊端強烈地憤怒不滿，可是另一方面，我們又缺乏規範性的方向感（normativer Richtungssinn），無能為力去超越現存體系，想像資本主義外的社會狀態。我們抗議，但我們要什麼？我們要走向哪裡？

而這就是古典社會主義的力道所在，從法國大革命以來的所有社會運動，都帶著某種對未來社會的理想，某種烏托邦想像，可是這種烏托邦思潮在當代社會中已經中斷。這種對未來的無想像部分也與後現代拒絕進步的史觀有關。霍內特認為我們必須回到社會主義，在新的歷史條件下尋回「超驗的想像能力」（transzendierendem Vorstellungsvermögen）；而馬克思就是擁有此能力的佼佼者。

真實的生命

巴迪歐的《真實的生命》（*La vraie vie*）被翻譯成德文，以「嘗試敗壞青年人」（**Versuch, die Jugend zu verderben**）為名出版，說明了今日作為一個左派是什麼意義，提出另一種面對馬克思思想遺產的可能性。

巴迪歐是以一個向青年說話的哲學家身分寫這本書，他開章明義談起，蘇格拉底也曾被指控使青年腐敗，然而哲學家所做的事只是向青年們指出權力的腐敗處，哲學處於權力的對立處，抗拒著個人利益，追求普遍性，以及一種更優先於一切政治職位、一切政治領袖的生命／生活——那就是真實的生命（Das wahre Leben）。

什麼是真實的生命？針對這個哲學唯一關切的問題，巴迪歐答說那是「值得追求的東西，是真正值得去過的生活，是某種金錢、慾望、權力都不及的東西。」而哲學家之所以敗壞青年，乃因「使得青年不走上預先被給予的路，不會毫不抵抗地遵從社會預先的規劃，使青年創新並在這新事物上發展出對於何謂真實生命的新觀點。」

這是一本歌誦青春之書，巴迪歐寫道，對於希臘人來說，青春的初期是英雄主義、詩歌與慶典的階段，而青春結束時，不再有詩歌，只有義務，以及被小心建構的生活。而他看到的今日的青年，比起上一代擁有更長的青春，更多的自由，更少被迫過著預先安排好的生活。可是這樣的青年真的能夠擁有真實生命、過著真實生活嗎？他說，憤怒的青年其實是少數。八六%的資源掌握在十%人的手上，而一%的人佔有了四六%的資源，世界上五十%的人身無分文，因此無產者才是多數，那些佔領華爾街、舉著「我們是九九%」的青年們，只是中間的少數。他呼籲，青年必須與五十%的無產多數聯合，才能確保自身的存在，找到自己的真實生命。

正是在這個意義下，巴迪歐認為抗議的青年應該效法西方六〇、七〇年代反資本主義與帝國主義的學運，擴大陣線。他不同於當今個人化反抗路線，擬回到馬克思的階級論，重提共產主義理念，但不留在勞動階級與資產階級的分法，而是要青年去透過國際聯合、與無產者聯合，想像一種集體平等秩序，這種集體是尋找新的象徵秩序（neue Symbole）的重要過程：「也許我們就是得離開固定的位置，步上迷航之旅，這不再是虛無主義的迷航，而是一種被引領方向的、被羅盤帶領的、對於真實生命的追求，對於全新的象徵的追求。」

可以說，他所呼喚的左派仍是馬克思的左派，必須正視社會關係及財產關係，拒絕個人化的反抗，強調集體行動力。而他與霍內特一樣，都強調想像新世界、規範性的方向感對於改革這個現有世界的必要性。

我們說不同的語言

不過前述這些重提馬克思、共產主義、社會主義的討論裡，似乎都更著重青年馬克思的哲學，而對於《資本論》的政治經濟學較不著重。可是，這麼一來應當如何看待馬克思耗盡多年心血從哲學走向政治經濟學的思想發展？

當然，馬克思自己批判過烏托邦社會主義的單純的浪漫主義，但是一種平等的、無剝削的烏托邦社會概念確實也提供他思想發展的養分。哲學家布洛赫（Ernst Bloch, 1885-1977）曾提出一對概念討論馬克思主義的影響：冷流與暖流（Kälte- und Wärmestrom）[9]。冷流著重的是政治經濟學，研究既存社會與經濟條件，以找到社會改變的可能性；而暖流則是青年馬克思的論述，是人道主義的、反剝削與壓迫、追求個人解放的，且強調一個烏托邦的願景目標。布洛赫認為兩種潮流必須同時存在、互為補充，只擁抱暖流，將忽視了人存在的社會環境與經濟條件，容易只有一種抽象、不切實際的滿腔熱血；可是只知冷流，也將過於強調經濟論與功能性，失去烏托邦願景，忘記人類解放理想之可貴。

在他提出此對概念時，社會主義思想處於偏重經濟條件分析的思路上，對於暖流較為忽略。而布洛赫認為這種忽略是忘記了烏托邦，也忘記了人類作為全人的解放可能，因此特別著重希望、烏托邦等暖流的概念。可是，今日在《資本論》出版一百五十週年後，霍內特重提烏托邦願景、巴迪歐回到階級聯合、學生透過與無產者同一陣線以尋找真實的生命，這些似乎又將社會主義的思潮持續推向暖流。這些發展也許正指出了這個時代的問題在於我們遺忘了兩個世紀前，人類的悲慘處境曾經引發各種對於「一個更好的世界如何可能」的想像與追求，也許是因為人類活在有自信、史上最好的年代裡，也許是因為剝削機制更細微難察地運作著，也許我們都忙著我們的小確幸，不再有時間思考真實的生命。

看電影《年輕馬克思》（Der junge Karl Marx），回到那個提出願景的時代裡，在遺忘的當

布洛赫[10] 攝影Krueger,from Deutsches Bundesarchiv

9 Bloch, Ernst: Das Prinzip Hoffnung. Gesamtausgabe Band 5. Frankfurt am Main 1959, S. 235-242。

10 https://mg.wikipedia.org/wiki/Sary:Bundesarchiv_Bild_183-35545-0009,_Berlin,_Ernst_Bloch_auf_15._Schriftstellerkongress.jpg

代，喚醒人們對於勞動者悲慘命運的記憶。前海地文化部長、曾就讀德國影視學院的導演裴克（Raoul Peck, 1953-）以一部《我不是你的黑鬼》（I Am Not Your Negro）聞名全球，而這部馬克思傳記電影裡，他也熟練地拍出了被壓迫者及反抗者的命運，呈現了三十歲前的馬克思如何結識恩格斯、一步一步地從記者走上革命導師的流亡法國、英國之路。

這部電影以極具張力的一幕開始：買不起煤炭的貧窮人們為了過冬，在樹林裡撿拾掉落的枯枝，兒童想折取樹枝被喝止，大人們告訴他，只能撿拾地上的無主枯枝。這時地主們騎著馬來到樹林，鞭打驅趕了窮苦者。此時電影背景的聲音是二十幾歲的馬克思唸著他寫在報紙上的嚴峻評論。

這位《新萊茵報》的青年編輯，不滿統治階級與資本階級的合謀，批判議會未能改革《盜木法》（*Holzdiebstahlgesetz*），撿拾地上枯枝的窮人因而被控以竊盜罪，人民對於法律的理解與政府有落差，議會忘記了立法者的天職[11]。這時候的馬克思看到的是法權關係，而不是政治經濟關係，但已經可以理解他後來對於國家與私有財產制的反感。在電影裡，恩格斯提示馬克思，應當開始閱讀英國經濟學家們的著作，於是他的社會批判便由熱血到冷靜，逐漸走向了政治經濟學。不過，即使進入冷流的分析，也不代表必須放棄熱血。馬克思以冷靜詳細的分析探問社會的問題，武裝了他的人道關懷及實踐社會主義願景的能力。

電影裡有一幕對話，正可以呈現這樣的馬克思。他以調查童工狀況的記者身分去見了工廠主，工廠主告訴他現在僱用了二十個童工以及三十個成年工人，日夜輪班工作，馬克思問：難道這不會太累嗎？工廠主辯解說：但這對健康不會有什麼影響，且他毫無選擇，「我們別無選擇，您也知道，不靠童工我們根本不可能有競爭力。」

馬克思問：「那麼您必須支付他們公平的薪資吧？」

工廠主：「如果我調整童工的薪資的話，我很快就會破產了，這就是這個社會運作的方式。」

馬克思：「不，先生，問題是出在現有的生產關係。問題不在社會。您不代表社會。」

工廠主：「我不知道您說的生產關係是什麼。如果勞動力成本提高，就不會有利潤了，接著就不會有經濟，接著社會也會停擺。也許您想看到的是這樣？」

馬克思（笑）：「我們的語言完全不同。您說那是利潤，我卻稱那是剝削。」

這正是為什麼這麼多年來馬克思的思想遭遇了無數批判，卻難以被完全捨棄。因為他的批判不斷現身，說出與主流語調不同的語言，點出很多人不願面對的問題。把部分元素替換

11 MEW 1: 109-147.

掉，前述對話完全可以無違和感套用在現代場景。如果我們把今日各種變形僱佣關係代入這段對話的童工，不也覺得工廠主的辯解聽來耳熟嗎？

世界記憶資產

二〇一三年，《共產黨宣言》以及《資本論》第一卷被聯合國選為世界記憶資產（Memory of the World）。不過這本書不該只停留在記憶裡，追求平等、追求真實生命的理想仍需要被引領，迷路的人們仍需要一個羅盤來定出「規範性的方向感」。

時代輪轉，有些事情變了，有些從來不變，這正是現在重讀《資本論》的意義，不是要回到紅色政權、或重拾歷史文件中對於過去的工業社會的批判，以為這個時代找到答案；更重要的也許在於再次提出那些一百五十年前被提出的問題，問問這一百五十年來發生了哪些事情，試圖回答這些問題的答案、試圖回答這些問題的人為什麼會失敗，又為什麼沒有人再想問這些問題了，而我們又為什麼允許自己遺忘這些問題。而這個時代裡，如果我們要重提老問題，在不同於馬克思時的世界局勢裡，又該有什麼不同的提法——如同霍內特所提示的，社會主義的理念從未被完成過，是時候重問：在當代什麼是「社會的」（sozial）、「社會主義的」（sozialistisch），以及我們究竟想活在哪一種社會裡。

《共產黨宣言》書影[12]

from www.marxists.org, under Free Documentation License

《資本論》正是要回答這些問題，但它成書後，許多人擁抱它、也有許多人痛罵它。愛它的人不必然是照著馬克思的讀法，而有各式各樣的官方非官方詮釋；恨它的讀者不必然就與馬克思站在全然的對立面。可以說，這一百五十年來的學術界與政界裡，《資本論》未曾提供單一版本的答案，人們讀到的是複數的《資本論》（正如德希達強調的，複數的馬克思幽靈）。唯一可以確定的是，倘若沒有這本書，今日人類歷史將有完全不同的面貌。倘若馬克思幽靈確實仍然遊蕩此世，他將對這一百五十年的《資本論》說些什麼？也許仍將是一八六七年時他在第一版序言寫下的結語：

我歡迎每一種科學的批判。而對於那些我從未與之妥協過的、所謂公共意見的偏見，我認為那位偉大的佛羅倫斯人的話語還是一如既往的真實：走你自己的路吧，讓他人說去！（Segui il tuo corso, e lascia dir le genti!）[13]

（本文初稿發表於獨立評論@天下「德意志思考」專欄）

12 https://zh.m.wikipedia.org/wiki/File:Communist-manifesto.png

13 MEW 23: 17

7〉韋伯

非典型法律人

馬克斯・韋伯（Max Weber, 1864-1920），一位全方位的思想天才，影響德國社會學的程度，非其同代學者可比，海德堡大學社會學教授許文（Thomas Schwinn）說，德國沒有任何其他的社會學者，甚至可以說沒有任何其他的人文學者，可以像韋伯那樣引起如此高的國際重視。德國專研韋伯學說的馬堡大學社會學家克斯勒（Dirk Kaesler）甚至在《馬克斯・韋伯：其生平、著作及影響之導論》（*Max Weber: eine Einführung in Leben, Werk und Wirkung*）中寫著「詮釋馬克斯・韋伯的產業」（Max Weber-Interpretationsindustrie），可見這位學者為後世帶來什麼影響力。

然而，他所走的卻不是一般學者的典型道路。他於一八六四年出生，父親也叫做馬克

韋伯[1]

斯．韋伯，是法學博士，一八六九年開始擔任柏林市議員，後來在帝國建立後，成為帝國國會議員，因此家中往來者均是普魯士的政經貴族與知識名流。在這樣家庭中長大的韋伯受到非常好的教育，十幾歲時他已經閱讀了德文世界中的經典，例如歌德、康德、叔本華，甚至也開始以英文閱讀莎士比亞。整個歐洲世界的共同精神遺產荷馬、希羅多德、西賽羅、維吉爾等更是其知識養成的養分資源。在這麼豐富的經典裡，他特別喜歡歷史，十四歲那年，他的耶誕禮物是柏林史學家庫爾提斯（Emil Curtius）的巨著《希臘史》，他欣喜不已，可見其早慧聰穎。

中學畢業後，韋伯在海德堡、哥廷

根、柏林等地讀大學，依然以廣泛的學習興趣悠遊於經濟學、哲學、法學、史學之間。這些大學中，應該是海德堡大學對他的影響最大，海德堡是韋伯母親娘家所在，他到這所大學學習法理學，對那些教授課堂上的內容並無太大興趣，但是課外的生活如魚得水，加入兄弟會，時常鬥毆飲酒，生活過得放蕩。在這時期的韋伯最認真上的，應該是新康德主義哲學家費雪（**Kuno Fischer**）的課。據作家及《法蘭克福廣訊報》發行人考伯（**Jürgen Kaube**）的描述，這位極為重要的哲學家，某日因為受不了市政府在他門外挖馬路，便在陽台上大喊：「如果再不停止噪音，我就接受柏林的教職！」

後來工程真的停止了，老教授重獲他的寧靜，海德堡不必失去一位哲學家。可是他的學生，後來真的去了柏林。

韋伯沒在海德堡畢業，後來被父母召回柏林，收起海德堡時期的不羈，認真讀書，於一八八九年在柏林大學取得法學博士學位，但他不是傳統的法律人，其論文是研究中世紀的商法發展，其博士論文口試委員之一，就是他曾上過其「羅馬國家法」講課的羅馬史大師蒙森（**Theodor Mommsen, 1817-1903**），蒙森後來因為《羅馬史》（***Römische Geschichte***）一書實

1 https://en.wikipedia.org/wiki/Max_Weber#/media/File:Max_Weber_1894.jpg

在寫得太好，居然以歷史學家身分獲得一九〇二年的諾貝爾文學獎。這位史學大師在口試結束時，對韋伯這位年輕的新科博士引用了一首知名民歌歌詞說：「當我行將入墓時，我只願對那我有極高評價的馬克斯．韋伯說這句話：孩子啊，你接過我的矛吧，我的手臂已經舉不起它了。」

取得博士學位後，韋伯在柏林的法院完成法律人第二階段實習，並於一八九〇年通過第二階段司法考試，取得律師資格。但他並不真的想當律師，一開始他便知道自己的志向在學術研究。他立刻開始寫教授資格論文，並於一八九二年取得教授資格，並以私聘講師身分在柏林大學幫他的指導教授代課。

一八九五年，他獲得弗萊堡大學國家經濟學教席，從柏林搬去了最西南邊的黑森林旁，以「民族國家與民族經濟政策」（Nationstaat und die Volkswirtschaftspolitik）為題舉行就職演講，這位才剛剛滿三十歲的年輕人，於是成為這所傳統名校的國家經濟學教授，而他甚至不是讀經濟學的。

勤勞的學術人

從法學到經濟學，韋伯證明了他跨學科的學術能力，然而他不是依賴天才的人，而是極度勤勉。他後來在《新教倫理與資本主義精神》中描述的敬業勤勉的新教倫理態度提供了資本主義的發展動力，其實他自己也是那樣的學術新教徒，只是他的心力不放在企業經營，而是學術研究。一八九七年，他的母校海德堡大學召喚他，於是韋伯回到這個他曾經度過狂野學生年代的城市，成為社會學教授。

不過他擔任海德堡大學教授的時間沒有太久，在無日無夜的工作下，他逐漸出現了身心失調症狀。一八九九年，他被迫必須暫停工作，一九〇三年他正式卸下教職，成為私人教師，所幸父母給了他極豐厚的財產，生活並未因為無法工作而三餐不繼。

不過，他從未停止學術活動。他接下了《社會科學及社會政策檔案》（*Archiv für Sozialwissenschaften und Sozialpolitik*）學術期刊的編輯工作，也應在美任教友人邀請，赴美參加學術研討會，並實地觀察新大陸的發展，這也是他得以出版《新教倫理與資本主義精神》的緣由。一九〇九年，他並與其他社會學家一起創立德意志社會學協會（Deutsche Gesellschaft für Soziologie）。

卸下教職後，他仍住在海德堡。其故居在今日海德堡內卡河畔的齊格豪斯大道（Ziegelhäuser Landstraße）十七號，從一九〇三年到一九一八年止，這裡是海德堡一流的頭腦聚集之處，社會學者齊美爾（Georg Simmel）、哲學家雅斯培（Karl Jaspers）、歷史學者修伊斯（Theodor Heuss，後來成為德國聯邦總統）、史學家特洛奇（Ernst Troeltsch）、法學家耶林內克（Georg Jellinek）與拉德布魯赫（Gustav Radbruch）、左派哲學家盧卡奇（Georg Lukács）與布洛赫等人都是韋伯的座上客。齊格豪斯大道十七號在此意義上，是當時德國人文學界的首都。

經過多年的休息後，韋伯的病症還是無法康復。一九一七年維也納大學曾召喚他，他重拾教鞭沒多久便覺負荷過重，一九一八年辭職，返回海德堡。雖然他身心狀況不佳，但是德國學術界清楚知道這個社會學大師的重要性，慕尼黑大學、柏林大學、哥廷根大學、波昂大學都希望爭取他。一九一九年，他選擇了慕尼黑，擔任「社會學、經濟史與國家經濟學」教授。但是他的慕尼黑生涯並沒有持續太久，工作負擔還是擊垮了他。一九二〇年，他在慕尼黑死於肺炎，骨灰運回海德堡安葬。

海德堡雖非韋伯的出生地，但早已成為他最重要的故鄉。海德堡大學對這位有精神官能症的學者也引以為傲，今日，除了編輯韋伯全集外，還把舊居改為海德堡大學的學生中心，社會學研究所也以他之名命名。

學術生涯乃是一場發狂、無把握的冒險

韋伯對當代社會科學的影響深遠，除了最知名的對於資本主義的研究，幾乎每一個大學生都聽過的「理念型」（Idealtypus）、「價值中立」（Wertfreiheit）也影響了社會學的方法論；而討論統治形態時提出的分類方式——法治權威、傳統權威與克里斯瑪權威（Charisma，或譯為魅力型），也影響了我們對當代權威由來的認知；他在《學術作為天職》（*Wissenschaft als Beruf*）中提出當代透過理性化、知識化來掌握世界，是一種「對世界的解除神魅」（die Entzauberung der Welt），這個說法影響了當代人看待自身與知識之間的關係，並確認了學術之意義。我讀大學時，每一本政治學的教科書更是都引用了韋伯在《政治作為天職》（*Politik als Beruf*）中對國家的定義：國家是一區域內成功合法獨佔武力（das Monopol legitimer physischer Gewaltsamkeit）的人類社群。

在他的豐富著述中，我讀其〈學術作為天職〉（Wissenschaft als Beruf，或者翻譯為以學術為志業）這篇文章，最有感覺。那原是韋伯於一九一七年時在慕尼黑的公開演說，這個演說是他《以精神勞動為志業》（*Geistige Arbeit als Beruf*）系列演講的第一個。演講全文於一九一九年出版。文中對於他置身於其中的學術界所發的感想，讀來十分真誠，可以感受到學術對他來說不只是職業（Beruf），也是「召喚」（Berufung）。

首先韋伯說出了德國大學培養年輕學者的困難。他說為了確保自己指導出來的博士具有相當好的學術水準，他堅持新科博士必須赴外校取得他校教授認可後，才能在本校取得編制外講師的職位（這堅持因而導致他自己一個最優秀的博士生被拒絕）。而從講師直到取得教授職位這漫漫長路，幾乎就是一種勝算極小的賭博。年輕學者必須在毫無確定希望、經濟不安的情形下，「挺住」（aushalten）多年。

那麼多優秀的年輕學者，誰才能取得最後的教職？韋伯說，「偶然」（Zufall）、「機遇」（Hazard），而非實力，才是最終決定你成為教授的因素。他很謙虛地說，正因為自己有好機緣，才能在年輕時取得位置，而當時德國的社會學界確實有很多才華實力皆優於他卻苦無位置的優秀學者。不過韋伯這番話實在有點過謙，他博士讀法學、教授資格論文改作經濟史研究，三十歲就成為弗萊堡大學國家經濟學教授，如果他真的只靠偶然的機緣，那麼他大概是德國最強運男吧。

韋伯直言，在德國學術界中確實充滿許多刁難不公，最後出線的往往是平庸之輩而非最優秀的人才。「因此，學術生涯乃是一場發狂、無把握的冒險」，韋伯甚至引了《神曲》地獄篇中的地獄大門上的話來形容學術界：「進入這裡的人，放棄一切希望。」

因此韋伯說，年輕學者要他對於進入大學教書的志業作些建議時，他會這麼問：「你真的相信，你能夠年復一年看著平庸之輩一個接一個爬到比你高的位置，而既不憤恨又無挫折感嗎？」

但是韋伯並不是因此就要學子們打退堂鼓，他強調，正因為學術界充滿這麼多的挫折與困難，所以我們需要熱情。你對學術必須有一種「奇妙的陶醉感」，必須要有熱情（Leidenschaft，也是受難之意），必須要能受得住日復一日繁瑣的工作，否則還是別投入學術界吧。

之所以需要有熱情，還有一個原因是，學術工作者所做的一切都不會是永恆的真理，學者的工作成果從不會完滿，永遠會有他人超越你，每個學術工作者都必須接受這一「殘酷的事實」。

在他對學術工作的想法裡，看得出幾個概念交錯出現：學術是職業（Beruf），也是「召喚」——德文裡說某人獲得大學教席，多會用「被召喚」這個字（auf einen Lehrstuhl berufen werden）——但也是充滿宗教感的感召傳喚（Berufung）之意，一種純粹發自內心的、超乎利益計算的、必須完成什麼的使命感。對他來說，職業，就是天職。

在演講中，看得出韋伯確實是那種嚴謹認真的傳統德國教授，全心奉獻給學術，沒有任何得過且過的心態。另一個例子，也可說明他在學術上絕不馬虎：一篇「在第三屆德國大學教師會會議上的發言」的會議紀錄裡，一個學者試圖說服大學接受他，因為他能吸引資本家、利益團體的捐獻，為校方帶來利益，韋伯這麼評論這位學者：

在此事涉及到的這位，在他的學術生涯剛起步時，確實看上去很有前途，但是以後逐漸朝著專門撰寫平庸的速成論文方向發展，成了誤入歧途的學者。

一百年後，倘若韋伯仍在世，不知他會對今日學術界作何評語呢？

8 〉海德格

海德格的失眠

海德格（Martin Heidegger, 1889-1976）給人的印象好像很樸實，他出生於阿雷曼與施瓦本之間的小鎮，一生都迷戀著鄉間，拒絕了柏林大學的職務，寧願選擇留在黑森林的邊境城市。可是這樣的人卻一直有些激動的質素，擾動著別人、自己也從不安靜下來。

海德格與李克爾特（Heinrich Rickert, 1863-1936）於一九一二到一九三三年的通信集，道出了一些哲學家年輕時候的往事。這本書很有趣的是，可以看見身為學生的海德格如何在委婉中抗拒著老師，可以看見年輕的海德格（才二十來歲啊）如何說他的理想，可以看見海德格怎麼逐漸成長，如同窗外幽暗到明亮的天光，從學生逐漸成型為德國一等一的哲學家。

海德格說著他為什麼在神學與哲學之間猶疑不定，這兩種學科對他來說究竟代表著什麼；

一九二一年的一封信裡他也說著現象學家胡塞爾（Edmund Husserl, 1859-1938）勸他把已經寫好的東西出版，但是他卻猶豫再三，他對自己的東西仍不覺十全十美，縱使他知道學術界的規則，但他就是沒有辦法；他說到了他對謝勒（Max Scheler, 1874-1928）的批判，他說起了雅斯培（Karl Jaspers, 1883-1969）與他自己那篇著名的（甚至一度惹怒雅斯培的）書評。

當然我們知道，李克爾特作為新康德主義的代表，與海德格的師生關係不會太穩固；讀其通信集時我就一直期待著，突然在哪裡會有兩人的決裂跳出來。果然在一九二九年七月，李克爾特就來了一封信，他說：海德格啊，很久以來你就透過我兒子說，你一直想來拜訪我，我事實上也一直期待著，你現在接任我的馬堡教職了，你又是我的學生，說什麼也該來拜訪我，但是你一直沒來，我不知道為什麼，我現在也不再去期待這件事了。我寫這封信給你不是為了這件事，而是要問你在達沃斯（Davos）與卡西勒（Cassier）那場論辯中，你狠狠把新康德主義——包括我在內——罵了一頓，說這些人「只願意認識科學而不認識存有者，這些人甚至宣稱這是康德的意思」。我可不可以請求你，把我的書《康德——現代文化的哲學家》（*Kant als Philosoph der modernen Kultur*）第一五一到一五三頁讀一次，然後再來跟我說，這些文字——這些你曾經對我表示過「我們意見一致」（vereinbar）的文字！——對你來說到底代表什麼？我沒法想像，你在當我學生時如何能把你這些想法隱藏得那麼好？我們有必要盡快見一面，好好溝通我們之間的歧見。

整封信中，李克爾特就是氣急敗壞的口吻，我可沒有加油添醋。

他寫道：「我開誠佈公跟您說，這件事使我很驚訝。因為我極看重，我與曾是我學生的人之間的私人關係。我與這些人的關係還是可以維持良好，即使這些人在學術上與我走了一條完全不同的道路。我一直以來就是這樣的，而因為我們的私誼迄今都還沒有任何分歧產生，我會把這次的事件視作一次機緣，能試著去至少與您維持正直的私人關係，縱使我們在學術上沒有共識。」

一個禮拜後，海德格立刻回信，委婉地說要很一體性地說康德哲學到底是怎樣是有困難的，不過在先驗方向與知識論方向，新康德主義確實走錯道路，但是認同李克爾特的思考，還是可以與他討論且有取得共識的可能性。他信末感性地說「十四年前的今天的圖恩湖（Thurnsee）街，我在您那兒開始做教授資格論文」，以及他在弗萊堡與李克爾特共度的那幾個學期的「全部的存有」，他都沒有忘記。

後來的歷史告訴了我們，這些想要緩和兩人之間緊張關係的場面話，終究挽回不了海德格與李克爾特的關係。兩人的通信愈來愈少，直到一九三三年海德格上任校長，李克爾特捎來一封簡短祝賀文告終。

海德格[1]　攝影 Willy Pragher from Landesarchiv Baden-Württenberg

雅斯培大概是對的，海德格的哲學帶有某種權威人格。這個人好像惹惱過他一生中所有的朋友。與他維持關係的多半是比較不對等地位的，例如他的學生。

一九一二年寄出的第一封信他就跟李克爾特訴苦，說他的失眠。他的身心狀態十分不好。在接到李克爾特這封信後，他想必又失眠了。

只有哲學能夠抵抗哲學

聽我聊哲學的朋友們，大概都聽我說過許多這些關於海德格與他的門生們、朋友們、敵手們之間的事情。這個哲學家對於其他哲學家來說，始終是個壓迫性的強大存在。許多人不得不繞開一條路以求脫離海德格的思想影響，例如高達美走向古典語言學。而那仍然走著哲學道路的，幾乎無不成為海德格開火之標的，例如新康德學派。

另一個更明顯的例子就是雅斯培，一九一九年這位醫學院畢業的哲學門外人，出版了《世界觀的心理學》（*Psychologie der Weltanschauungen*），發展出其存在主義思考，也因而得以進入海德堡大學教書，可見此書的確受哲學界重視；然而當時剛剛寫完教授資格論文、正在構思《存有與時間》內容的海德格，針對此書寫了極長篇書評〈評雅斯培的《世界觀的心理學》〉（**Anmerkungen zu Jaspers'** *Psychologie der Weltanschauungen*），對海德格來說，雅斯培的這本書完全不是他能認可的哲學，從書名就完全走錯方向，哲學，既非世界觀，也非心理學。可是，能被海德格認真地視為對手，已經提示了讀者：雅斯培的哲學值得注意。海德格的書評就是後來影響了法國哲學家的閱讀方式：解構（**Destruktion**），他不從外部尋求其他哲學系統或學說來與雅斯培的思想對話，而是貼近雅斯培的作品內容，穿入其血脈。在該書評開始部分，他說，他要寫的批評是：貼近雅斯培內在意圖、並「跟進」（**nachgehen**）其中內在的東西。

1 https://de.wikipedia.org/wiki/Martin_Heidegger#/media/File:Heidegger_4_(1960)_cropped.jpg

海德格亦步亦趨地細讀、評述雅斯培的成名作，認為雅斯培已經走上了「存有」之途，卻未能掌握在這條路上更源初的東西。他「跟進」的結果，後來收在《路標》（*Wegmarken*），全集第九卷，長達四十四頁。這篇書評寫好後，海德格寄給了雅斯培，雅斯培當然清楚地讀到了海德格對他的抨擊，但是正因為這樣的攻擊，才突顯了年輕的海德格如何向另一位哲學家致敬。在剛剛寫完這篇書評後，海德格寫給其導師李克爾特，告訴他才剛剛評論了這本書：「依我之見，這本書必須盡可能嚴厲地與之抗衡，正因為這本書裡，雅斯培從各處培養出來的東西如此豐富，也正因為這本書能探及我們時代的軌跡。」

海德格的「嚴厲抗衡」正是其致敬。兩人之間此後開始了終身的友誼，在海德格剛剛進入學術生涯時，還與雅斯培約定了要組成革命共同體，一同對當時的哲學界起義。

漢娜．鄂蘭於一九四九年八月二十六日，寫給她的好友斯特恩貝格（Dolf Sternberger）的信中，這麼寫著：「海德格挑戰了西方思想的根本，這我並不害怕。雅斯培要打開西方文化的框架，他也以一種優雅從容且適度的方式做了同樣的事。」可是，這位同時曾是兩人學生的思想家接著說，在那林中路上，你無法與海德格的哲學爭執（Polemisieren），「要抵抗哲學，只有哲學才能夠，而我沒有自己的哲學。」

雅斯培經受得起海德格的批判，能夠抵抗海德格的哲學，其實正因為他有自己的哲學。

漢娜・鄂蘭[2]

2 https://commons.wikimedia.org/wiki/File:Hannah_Arendt_1924.jpg

對哲學家來講，這就是生活和世界的那種不可思議性

這一對思想之敵手，後來卻變成思想之盟友。

閱讀哲學作家薩弗蘭斯基（Rüdiger Safranski, 1945-）的海德格傳記，提及海德格與雅斯培的通信，內心震動。這兩人一九二〇年於胡塞爾主持的一場朋友聚會中初識，在雅斯培的記憶中，那是次平庸無奇的聚會，除了海德格那麼地耀眼，他的深度與對哲學的看法，很快就吸引了雅斯培。海德格正試圖做一種轉化現象學的努力，對於德國大學當時的狀況也頗多批判，而雅斯培正從專業的心理學家試圖跨入哲學界（且據他在自傳中說，遭受到來自弗萊堡哲學系教授極大的攻訐），他們都對當時的秩序、權威不滿，兩顆年輕而積極的哲學心靈，便在這次聚會後展開密切的交流。

雅斯培[3]

之後，海德格積極閱讀雅斯培的著作並評論，後來的評論指出雅斯培在他要做

的事情上走得不夠遠，但是雅斯培並不這麼認為。而這無妨於他們之間的心靈交流，雅斯培認為海德格誤解了他，並積極地向海德格探問、且試圖在海德格當時已經建立中的存有學尋找自己也念茲在茲的哲學的新開端。他們不斷交換書信，一九二二年夏天雅斯培且邀請海德格赴海德堡居住幾天：

如果我們能有幾天的時間在適當的時候進行哲學思考，來鞏固檢驗我們的戰鬥團結，依我的想法，我們可以住在一起，每人有各自的房間。我的夫人出去旅行了。每個人想幹什麼就幹什麼。除了吃飯在一起之外，我們可以根據需要碰頭、談話，特別在晚上，也可以隨便什麼時候，不要任何拘束。

海德格答允了邀請。

後來海德格寫給雅斯培的信：

3　https://de.wikipedia.org/wiki/Datei:Karl_Jaspers_1946.jpg

在您那裡度過的八天一直如影隨行。那突如其來者、從外部看是毫無結果的八天……友誼邁著不動感情的、嚴肅的腳步走向我們。這是雙方都有信心的戰鬥團結的不斷增長的確定性。所有這一切對我來說都是不可思議的，對哲學家來講這就是生活和世界的那種不可思議性。

之後，雅斯培竟然向他建議創辦一份刊物，一份只刊登他們倆人作品的刊物！在這刊物上傳播哲學的火炬：「我們不謾罵，但是討論必須毫無顧忌！」當時的雅斯培已經是學界非常知名的心理學家、哲學家，但是海德格還只是胡塞爾的助理（雖然，他被稱為德國哲學界祕密的君王），雅斯培的這個提議儼然是對哲學界的巨大撞擊——如果成真的話！

大概因為曾經知道自己遇見了多麼難能可貴的共同思考者，後來雅斯培對於海德格的思想才那麼難以接受吧。或許他難以接受的是他再也遇不見記憶中的那八天？純粹精神生活的可能性，似乎在兩人身上（短暫地）見到了。

對一位熱愛思想的人來說，能夠有一位思想深度一樣的朋友，兩人一起居住一陣子，共同吃飯共同思考，共同遭遇那不可思議性。還能有比這更幸福的事情嗎？

朋友今安在？

我們應該如何追憶一件事，追憶一個人？

海德格在析論荷爾德林〈追憶〉（**Andenken**）一詩時，對於「朋友今安在？」（**Wo sind aber die Freunde?**）一句不斷深入背後之意，而推出了對於「友誼」的詩意說法。

對話，即是一種追憶，當我們擁有一個對話者時，我們在完成一段友誼，遇見這對話者，彷彿是一次宿命，那是一種互相信賴，「互相交付彼此的回憶給對方」。

這不是很美嗎？友誼，是我願意對你說，而你也仔細聽著我，有時這種說與聽甚至以沉默的方式表現出來。因為朋友之間構成追憶關係，我與你似曾相識，我們把早已發生的宿命在對話中帶出，然而每一次對話／每一次愉悅，都是一次無法再現的體驗，我們說著彼此的回憶，交託給對方，以迎接、思想來臨者（**das Kommende**）。

然而朋友卻不是緊密結合的一種纏綿關係，即使我們彼此交付彼此的記憶。在對話中我們依然尋覓自己（**Sichfinden**），說與聽者，彼此維持了一定的距離（一種完全無距離的說與聽之交換如何可能呢？），這是自身之撤離（**Sichentfernen**），然而這不是分離，而是對話的朋友間，為自身給出了自由之遊戲空間。海德格也稱之為「未來之友誼」或「源初之友誼」。

詩人就在這裡發問，朋友究竟何在？他的朋友仍未在，他的發問是對於未來可能之對話、未來之友誼的發問，而未來對話發生時，必然已經是追憶此時對於友誼的體驗。這之中出現的差異之深淵永遠無法被彌平，我們在友誼裡將自身推向一個他人，但是卻也時時將自身撤離。

而我們所交換的記憶又是什麼？

義大利哲學家瓦帝莫（Gianni Vattimo, 1936-）在《差異的冒險》（*The Adventure of Difference*）中，就以「追憶」去解釋了海德格的「無根基思想」，追憶並不是使過去重現於當下的一種能力，而是一種「告別」（verabschieden），告別曾發生者，並在此告別中，與被告別者相關連。如同我們對於存有，對於發送之命運（Schickung），永遠無法再現，我們只能事後去捕捉；又或者說，我們無法重現存有，我們只能與之邂逅。

回到友誼，我們總是與朋友邂逅、對話，那其實是一種告別，我告別你出現之前我對於你的追問、想像、定位，在告別的同時我迎接了你、迎接了我們共同對話可能性的到來，將來者來臨時，我其實也與新的我的自由邂逅。

《同一與差異》（*Identität und Differenz*）一書中，海德格提醒我們，存有只能以差異的形式被追憶。而自我，何嘗又不是始終棲身在這差異之間隙中，才能不斷被（卻無法成功地完全被）呼喚出來？我不斷介入與他人之糾纏、情感相吸，卻同時又撤退著，告別著。從這個角度思考海德格的情人、敵人、友人，其思想與友誼關係就更立體了。

9 高達美

布雷斯勞

德國哲學家漢斯–格奧格・高達美（Hans-Georg Gadamer），出生於一九〇〇年，逝世於二〇〇二年，一〇二歲的人生裡，經歷了德意志帝國、威瑪共和國、第三帝國、兩德分裂下的德國、兩德統一後的德國。穿越五個德國的哲人，一生有說不盡的故事。

帝國時代出生的高達美，故鄉是東普魯士地區的布雷斯勞，這是一座命運多舛的城市。普魯士在十八世紀時納入領土，並將此地建立為文化大城，大史學家蒙森（一九〇二年諾貝爾文學獎得主）、發現梅毒治療方法的醫學家埃爾里希（Paul Ehrlich，一九〇八年諾貝爾醫學獎得主）都出生於此，而知名的發現阿茲海默症的阿茲海默醫生（Alois Alzheimer），也在布雷斯勞大學擔任醫學教授。在這個城市成長、求學的高達美，很早便培養了對人文學科的興趣。

高達美的父親是自然科學家、化學教授，然而他並沒有繼承父親的專業，反而對藝術與文學更投入，後來甚至走上哲學的道路，這必須歸功於當時他遇見的第一位啟蒙的哲學導師，理察・何尼斯瓦德（Richard Hönigswald）。

何尼斯瓦德出生於一八七五年匈牙利境內的猶太家庭，一九〇二年在維也納大學取得醫學博士學位後，又去了德國哈勒大學取得哲學博士學位，並寫了哲學教授資格論文，後來便到布雷斯勞擔任哲學及心理學教授，專長是知識論。高達美便在他的課堂上開始閱讀哲學，探索哲學與科學的關係。

何尼斯瓦德被認為是康德主義者，或者說是新康德主義者。加拿大詮釋學學者格羅丁（Jean Grondin, 1955-）在〈遇見海德格之前的高達美〉（Gadamer vor Heidegger）一文中[1]，便詳細梳理了何尼斯瓦德的學術立場對高達美的影響。年輕的學子在布雷斯勞大學上了教授的「知識哲學導論」（Einführung in die wissenschaftliche Philosophie），非常鉅細靡遺地做了課堂筆記，即使後來在海德格的課堂他都沒有下那樣的功夫。後來，德國成立何尼斯瓦德文獻

1 Jean Grondin, Gadamer vor Heidegger. Internationale Zeitschrift für Philosophie, 1996, S. 197-226.

高達美[2]　攝影 Leena Ruuskanen
from per Mail von der Urheberin erhalten

館，高達美甚至捐出他的課堂筆記，可見當年課堂上他多麼認真記錄。

在他記錄的講稿中有這麼一段：「有兩種哲學。一種被理解為純然的抽象，另一種則是純然的非抽象；一種是符合邏輯的類型的，另一種是符合不涉邏輯的生命體驗（Erlebens）之浪漫主義類型；一種的一切都與概念及理解有關，而另一種則是表達直觀的體驗；一種被理解為科學的類型，另一種則是藝術的類型。」

後來高達美的傳世之作《真理與方法》（*Wahrheit und Methode*），也許可以視為正是在這兩種哲學中尋找出路。他拒絕了自然科學的分析方法，從源於文化與傳統的語言、詮釋、理解方式，去探索「真理」。對他來說，重要的是具體的體驗，而非抽象的概念。

不過，當時的高達美只是個哲學學徒，還沒有發展出後來的哲學詮釋學思想，這個時期影響他更多的，是何尼斯瓦德所代表的新康德主義道路。一九一九年，高達美的父親決定接受馬堡大學的教席，於是高達美便舉家遷到馬堡，他也轉學到馬堡大學哲學系，正式投入新康德主義大本營。

馬堡

我多次拜訪馬堡，對這座古城印象最深刻的是，幾乎每一個街角都可以發現德國知名學者的紀念標牌，記錄這些知識界的貴族曾經在這裡留下的身影。可見，馬堡在德國思想界確有一席之地。十九歲的高達美來到這座哲學名城，是命運的偶然，但似乎也是命運的必然。當年主導德國哲學界的，正是馬堡大學的新康德主義大哲科恩（**Hermann Cohen, 1842-1918**）、納托普（**Paul Natorp, 1854-1924**）及哈特曼（**Nicolai Hartmann, 1882-1950**）等人，被稱為「馬堡學派」。當時還有許多後來成為知名哲學家的年輕學子也與高達美一樣，從德國各地

2 https://de.wikipedia.org/wiki/Hans-Georg_Gadamer#/media/File:Hans-Georg_Gadamer.jpg

來到這個黑森地區的小城，試圖從康德留下的思想遺產中找到德國人文學術的未來。

從納托普於一九一二年發表在《康德研究》（*Kant-Studien*）的文章〈康德與馬堡學派〉（Kant und die Marburger Schule），可以看出當時他們企圖在康德研究中開出哲學新路的雄心。他強調，在康德已被遺忘的時候，馬堡學派要找到康德哲學的核心力量，那不是斤斤計較康德說什麼，而是要從其批判與方法中找到康德的「內在生命之能量」，去為哲學尋得最終的客觀真理。不過，其實晚期的納托普已經不再那麼堅守康德的思考，而是探索神祕主義。在這篇文章中，他提及科恩，這位馬堡學派的奠基者正是在該年退休並離開馬堡轉赴柏林任教，而納托普在他離開後的轉向，可以從高達美《詮釋學回顧》書中讀到：

> 我們在當時的馬堡，經歷了一段非常刺激、受那些巨大的思想者典範所鑄造出來的氛圍。那就是正處於瓦解中的新康德主義的「馬堡學派」。保羅．納托普在賀爾曼．科恩離開後，釋放了其壓抑已久的念頭，轉向了神祕主義與音樂。[3]

可以想像，科恩的轉向對於年輕的高達美有一定的影響。高達美從來沒有能夠成為康德主義者，而是對於何尼斯瓦德所稱的生命體驗的、藝術的哲學思考更有熱情，在高達美全集中讀者可以看到大量關於藝術、音樂及文學的作品，便可知道他心之所向。

一九二二年，高達美在納托普與哈特曼指導下，完成了他初試啼聲之作《柏拉圖對話錄慾望的本質》（*Das Wesen der Lust nach den platonischen Dialogen*），雖然可以看出以這本論文獲得博士學位的他受柏拉圖影響，後來在《真理與方法》中如此如此重視對話與交流，但此時仍在思想的道路上摸索，因此，這本論文很難被視為代表他後來的詮釋學立場，後來他並未將這本論文收入其全集，可知其態度。

寫完論文後，他遇見了馬丁・海德格。

遇到海德格對他來說是改變一生的事件，原來博士就學階段雖然仍受新康德學派的影響，但是遇到這個當時正在寫《存有與時間》的作者時，高達美就知道自己不可能再回到原來的路了。

當時他之所以會去弗萊堡，是因為在馬堡大學畢業後患上了小兒痲痺症，臥床不起，治療期間，納托普拿了一份詮釋亞里斯多德的手稿給他作為休養期間的讀物，那正是擔任胡塞爾助理的海德格剛剛寫好的手稿。一讀之下，他感覺如同被電擊，便決意於一九二三年去弗

3 Gadamer, Hermeneutik im Rückblick, GW10, S. 413.

萊堡上海德格以及胡塞爾的課。在《哲學學徒生涯》中他這麼說著初見海德格及接受他的教導時的第一感想，他說似乎他之前所學的一切都瓦解了，「那對我來說是對於原先的自我安心的全面撼動」（eine völlige Erschütterung）[4]。

弗萊堡

震驚於海德格思想的高達美，在病好後，獲得納托普同意，去了弗萊堡見這位尚未有任何出版、卻已以其講課被學生稱為「祕密的君王」的年輕講師。

這位被稱為「阿雷曼地區的蘇格拉底」的哲人，一九二三年夏季學期時，在弗萊堡大學開設「存有論：事實性詮釋學」（Ontologie: Hermeneutik der Faktizität）的課程。海德格那一年本來要開設邏輯學，但是另一位教授要開同名課程，他只好臨時把課名改為存有論。他闡論「詮釋」並非方法論問題而是存有論問題，精彩無比，我讀其講課錄時，確確實實感受到了海德格講課中的衝擊之物，能理解什麼力量牽引那麼多人前仆後繼到了弗萊堡、馬堡。而那一年台下坐著的，就是這位也感受到那股力量的年輕博士。

課堂上，海德格說「事實性」就是「當時的我們的本己存有」（jeweils unser eigenes Dasein），也就是說，並非普遍的主體，而是在一個特定此時此地中的獨特的存在。以往的哲學思考的是永恆，是普遍的有效，是普世價值，可是海德格卻拒絕了這樣的「錯誤」，他從現下的存有者出發，卸下傳統哲學賦予人類的定義、責任、範疇，談人不是那抽象的思考者，不能旁觀他存在的這個世界，而是背負著歷史被拋入這個世界的。他從這個角度出發，重構哲學關懷的重心，以及人與世界的關係。那是高達美上的第一堂海德格的課，也是指引他未來走向詮釋學的路標。

那時候高達美不只在課堂上跟著海德格讀書，也常常去海德格家中討論。德國教授在家舉行研討班並不少見，海德格便喜歡邀請學生至他黑森林中的小屋一聚，他在托瑙山（Todtnauberg）的「小木屋」（Hütte）在哲學史中非常知名，高達美便時常在此「駐留」（verweilen，正是早年海德格非常喜歡用來形容存在者存有於世界的詞彙）——而後來任教的高達美也承襲了這個習慣，喜歡邀請學生至家中上課，戰後的海德格因其納粹不光彩的歷史而失去大學講堂時，高達美便邀請他到家中舉行研討班，命運弄人，不能不叫人感嘆。

曾經看過一張照片，海德格與高達美一同在那間小木屋外，海德格架著木頭，高達美則拉著鋸子，兩人合作生產柴火。這張照片在我心中留下深刻印象，因為海德格曾經在講述亞

4 H.-G. Gadamer, Philosophische Lehrjahre. Eine Rückschau, Frankfurt am Main: Klostermann 1977, 30ff.

里斯多德的課上這麼介紹這位希臘哲學家：「他出生，勞動，死亡。」這一對師徒這張合照，正呼應了對亞里斯多德的評價。在這個哲學發生之處，兩位大哲學家以行動實踐了哲學的意義，在生與死之間，以勞動介入世界。

一九二三年，海德格憑著那份亞里斯多德手稿獲得了馬堡的教席，去了這所新康德主義重鎮的大學任教，五年後出版《存有與時間》，回到弗萊堡接任胡塞爾。高達美跟著他回到了馬堡，作教授資格論文。在這個大學城裡，還有一些天才耀眼的同學們一起聽著海德格的課，例如鄂蘭、漢斯・優拿斯（Hans Jonas, 1903-1993）、李奧・史特勞斯（Leo Strauss, 1899-1973）、卡爾・勒維特（Karl Löwith, 1897-1973）。海德格正式登上了德國哲學界的王座，如果沒有後來的政治失足，也許他至死都不會退位。

在〈海德格及語言〉（Heidegger und die Sprache）這篇論文中，高達美這句話可以點出當時馬堡從新康德主義轉向海德格的氛圍：「隨著海德格來到馬堡，哲學思考開啟了新的時代。」[5]回到馬堡的高達美，就是在這個新的時代裡，開始寫題為《柏拉圖的辯證倫理學》（*Platos dialektische Ethik*）的教授資格論文，但是他說，他感受到海德格思想的壓倒性的影響（Überlegenheit），海德格太過強大，如果他不另闢蹊徑打下自己的根基，無法與海德格的思想周旋（他曾經回憶，讀書時感覺彷彿海德格站在其身後注視，可見其壓力）。於是他另外找了古典語言學教授弗里冷德（Paul Friedländer）一同指導，以突破海德格的思想力量。不過，他這一生其實都還是在回答海德格提出的問題。

高達美取得教授資格後，結束了哲學學徒生涯。在第三帝國時期成為教授，成為海德格的同行，雖然他不是納粹的忠貞信徒，但是他天真地錯估政治形勢，加入親納粹的教授組織，後來遭受美國思想史學家理察・沃林（Richard Wolin）抨擊，可說是其人生少數的錯誤，但情節並不如海德格那樣嚴重，否則，戰後蘇聯軍政府也不可能找他擔任佔領區的萊比錫大學校長了。

5 Gadamer, Hermeneutik im Rückblick, GW10, 16

10〉安德斯

學習人文社會科學的學生，幾乎沒有人不知道德裔政治思想家漢娜．鄂蘭，多半也都聽過鄂蘭與他的老師海德格的感情，但是很少人知道鄂蘭的第一任丈夫君特．安德斯（Günther Anders, 1902-1992）。安德斯其實也是很重要的哲學家、詩人、作家。只是他的妻子名氣實在太大，離開德語世界，就沒有什麼人認識安德斯。甚至即使在德語地區的知識界，也沒有獲得太多重視。《法蘭克福廣訊報》副刊主編席瓦澤（Michael Schwarze）在評論安德斯的作品時便說：「此人的名氣與他具備的天才相比，完全不成比例。」

我閱讀安德斯的作品並了解他的生平後，深深覺得此人的一生是一部傳奇，也是一齣悲劇。他不只是鄂蘭的男人，他的生命歷程更可以呈現出上個世紀生活在猶太文化傳統中的德國知識分子之命運。

什麼都能寫的男孩

安德斯出生於一九〇二年，原來的名字叫做君特・斯特恩（Günther Stern），他的父親是著名的猶太裔心理學家威廉・斯特恩（William Stern, 1871-1938），是心理學界提出ＩＱ概念的先驅，也是德國漢堡大學的創始者之一。母親克拉拉（Clara Stern, 1877-1948）也是德國著名的心理學家，斯特恩夫婦合著的兒童心理學著作，在德國心理學界已經成為經典。安德斯在這個書香世家中長大，但未接受猶太教信仰，反而與左派知識分子來往甚密，甚至終生是無神論者。但猶太人身分對他影響很大，他說在青少年時期，周遭的同學中只有他是猶太人，「幾乎可以說這是一種折磨」。他後來與許多猶太知識分子密切往來，這些猶太知識人幾乎都有一個特色：他們面對著自身的文化傳統與德國思想之間的共同處與相異處，始終在一種緊張關係中尋找其猶太認同在德國傳統中的位置。

安德斯並未隨著父親踏上心理學之路，反而投入了哲學，他在弗萊堡大學跟隨卡西勒、胡塞爾、海德格等當時德國一流的學者讀書，後來在胡塞爾指導下，一九二三年獲得哲學博士學位。畢業後他並沒有直接在學界工作，而是為當時歐洲的報紙以及期刊、廣播媒體撰寫文化、藝術、思想評論雜文。他的好友德國作家布萊希特幫他引介工作給媒體時，就向媒體的主編說：「這是個什麼都能寫的男孩（Knabe für alles）。」

安德斯這個名字就是這時候來的。他文章寫得又多又快又好，某一天報紙的主編告訴他說，你實在寫得太多了，我沒辦法讓報紙裡一半以上文章的作者都署名斯特恩。因此他就說「那麼請您叫我安德斯吧」（Dann nennen Sie mich doch irgendwie anders。原意為，那麼請您以其他的方式稱呼我吧，anders的意思就是「不一樣的」）。從此以後安德斯就變成了他的筆名。

與鄂蘭的婚姻

安德斯獲得博士學位後，去了馬堡大學哲學系。如同當時全德國想讀哲學的人去馬堡的原因，安德斯去馬堡也只為了一個人：海德格。一九二五年，他在海德格的課堂上認識了十八歲女學生鄂蘭，但並未相戀。當時鄂蘭正熱烈的愛著海德格。那段祕密的情感破裂後，鄂蘭在一九二九年與安德斯在柏林見面，當時去參加舞會的鄂蘭感冒了，安德斯無微不至的照顧她，兩人便開始交往，沒多久後在同一年結婚，這段婚姻持續到一九三七年。

他們的婚姻沒有完美的結局，其實也沒有好的開始。安德斯的父母從來沒有見過鄂蘭，對於兩人突然決定要結婚，毫不諒解。安德斯的妹妹在一封信中回憶當年的情況：「有一天媽媽從漢堡打電話給我，說她收到了君特的電報，她不知道那是一個糟糕的玩笑，或者有別的意思。電報上面這樣寫著：『請求一百馬克，以支付住家及婚禮費用。』媽媽希望我可以給她

安德斯與鄂蘭[1]

一個解釋，可是我也毫無頭緒。我答應媽媽會跟君特聯繫……我打電話給哥哥，他們兩人在電話的那一頭雀躍地向我說，他們想結婚，越快越好。當時我還不認識漢娜，但是我認為這種通知父母婚訊的方式，說保守點，非常沒有品味。結果就是，我們的父母和漢娜母親都沒來婚禮，而我是唯一到場的家庭成員。」

在不被祝福下，這對都擁有博士學位的夫婦並沒有安穩的婚後生活，他們住過柏林，也短暫住過海德堡，一九三一年搬到法蘭克福住了一年。在法蘭克福居住的原因，是為了追隨聚集在法蘭克福大學的頂尖猶太知識分子讀書並寫教授資格論文。當時他們上過神學家保羅・蒂里希（Paul Tillich, 1886-1965）、社會學家卡爾・曼海姆（Karl Mannheim, 1893-1947）以及阿多諾的課，可是最後在阿多諾反對下，安德斯的教授資格論文沒有被接受。

1 https://en.wikipedia.org/wiki/File:G%C3%BCnther_Stern_and_Hannah_Arendt.jpg

寫教授資格論文的計畫失敗後，安德斯夫婦搬去了柏林，鄂蘭寫教授資格論文，安德斯繼續為媒體撰寫專欄文章。因為沒有錢，他們必須不斷的更換住所，甚至租過一個舞蹈教室，必須在晚上沒有學生時才能回來過夜。白天他們就待在咖啡店裡讀書寫作。幸好在海德格與雅斯培的幫助下，鄂蘭獲得德國政府的獎學金，讓這對貧困的夫妻撐過了在柏林的生活。

流亡

安德斯很早就察覺納粹的危險。希特勒剛剛在德國政壇出現時，是非常不重要的小人物，許多人都把他視為不值一提的丑角，包括許多安德斯的朋友們。但是在一九二八年，安德斯讀過希特勒的《我的奮鬥》以後，認真的看待其中的仇恨言論，他評論：「這個人說他相信的事，他也相信所有他說的話。而他那麼粗野的說這些話，他會為粗野之事物帶來不可抗拒的力量，也會使得非粗野者變得粗野，並把一切捲入其力量裡。」後來的德國歷史發展，很遺憾地證實了他的觀察。

一九三三年納粹上台後對左派知識分子展開迫害，包括布萊希特。安德斯知道布萊希特的聯絡簿中有自己的名字，害怕難逃納粹祕密警察的魔掌，便匆忙離開柏林。鄂蘭因為必須照顧自己的母親，沒有跟著一起逃亡。

安德斯離開柏林沒幾天，就發生了國會大廈縱火案——鄂蘭後來在一次訪談中自承，這是她的政治啟蒙事件，不久之後鄂蘭跟著他流亡，夫婦倆以及鄂蘭的母親在巴黎住了三年。三〇年代的巴黎簡直就成為德國猶太知識分子的第二個故鄉，一九三三年安德斯的一位表親也跟著去了巴黎，這個表親就是華特．班雅明（Walter Benjamin, 1892-1940）。

鄂蘭當時為錫安復國運動組織工作，還是有收入，可是安德斯當時在巴黎出版了一本沒什麼人注意的小說，流亡期間幾乎沒有收入來源，夫婦的共同生活幾乎只能靠鄂蘭勉強支撐。最後這段婚姻逐漸走向結束。一九三六年，安德斯無法繼續在巴黎生活，便到了美國，投靠他已經先流亡到美國的父親，並在好萊塢打零工。鄂蘭認識了後來成為她第二任丈夫的海因里希．布呂赫（Heinrich Blüchner, 1899-1970）。一九三七年在鄂蘭堅持下，結束了不到八年的婚姻。

一九四一年，鄂蘭在安德斯的資助下，也與母親逃亡到了美國。抵達紐約後，鄂蘭就向在好萊塢的安德斯發了一封電報「我們得救了，住在317 WEST 95，漢娜」（"SIND GERETTET WOHNEN 317 WEST 95 = HANNAH"）。

安德斯在美國也過得不好，工作有一搭沒一搭的。當時美國政府也懷疑安德斯是左派分子。安德斯試著以寫作維生，但是卻沒有什麼出版機會，他只好四處打工，當過職員、清潔工、洗碗工，以及工廠作業員。後來安德斯搬去了紐約，向設在紐約的戰爭情報局（Office of War Information）求職。這個單位收集納粹情資，並出版對納粹的宣傳資料，非常需要精通德文並了解德國文化的流亡分子。

但是安德斯在戰爭情報局也只工作了幾個月就辭職。他說，他之所以逃離法西斯主義，來到美國，並不是為了幫助美國的法西斯主義宣傳。

最後安德斯終於在學界找到一個講師工作，那是紐約剛剛成立的新社會研究院。但是他在學界的工作沒有持續多久，戰爭結束後安德斯再婚，因為第二任妻子是維也納人，便於一九五〇年搬到維也納住。當時東德哲學界最重要的學者布洛赫欣賞安德斯，幫他弄到了哈勒大學哲學系的教職，但是安德斯竟然拒絕。他希望以自由研究者、作家的身分維繫生活，他說，因為在弗萊堡求學的時候，已經發現了自己「對於學院哲學的典型表達方式會過敏」。

五〇年代，安德斯持續寫作，除了為報紙期刊撰寫雜文，也出版幾本代表他自己思想發展的學術著作。一九五九年，剛剛成立的柏林自由大學也召喚安德斯，但是安德斯同樣拒絕了柏林自由大學的教職。而一九五〇年代，鄂蘭出版了名震士林的思想史名作《極權主義的要素與起源》，成為世界頂尖的學者。兩人的生命，成為兩條不可能再交會的歧路。

悲劇

放眼安德斯這一生，深覺他的悲劇性格左右了他的人生。他其實是很有原創性的思想家，他對科技、暴力、現代性、虛無、核武的思考，現在讀來還是非常精彩。奧地利成立了國際安德斯協會，定期舉辦活動探討他自己的、以及關於他的作品，德國也有不少研究論文探討他的思想，可是這個人的原創性，使他注定了無法生存在現代歐洲的學院裡。他是個前現代的人，仍然想以自由思想家的方式過活，如同中世紀時候史賓諾莎（**Baruch de Spinoza, 1632–1677**）拒絕大學教職，只為追求完全自由的思想空間，安德斯也說自己不適合學院哲學，一輩子都遊走在學院之外。可是現代的學術發展，已經高度專業化，幾乎不可能在學院以外還能夠有一個全職哲學家。這是他的悲劇，一個古典的人，卻生活在非古典的現代。他想當一個文人，可是這個社會只有學者的職位。

他的另一個悲劇是，從沒有能夠找到一個安身立命的地方。一輩子住過那麼多地方，沒有哪裡能夠真的稱為家鄉。美國的法西斯主義對他來說並沒有比德國的法西斯主義更好，這樣的政治態度顯然不可能在戰後的美國生存下去。另一個流亡到美國的猶太哲學家優拿斯在回憶錄裡寫道，當他一九四九年遇到安德斯時，看到了在美國顛沛流離的日子在他身上留下的愁苦，「美國並未善待他」；後來他到了奧地利生活，也從來沒喜歡過奧地利，與當地的猶太人社群完全處不來。一九九二年維也納大學曾經要頒發榮譽博士學位給他，遭受拒絕。可是就在那一年，安德斯在維也納逝世，從此埋骨在這個並非家鄉的地方，再也離不開。

另一個悲劇也許就是海德格。對於安德斯來說，海德格這個反猶主義者不只是他的情敵，還是他的思想導師，影響力甚至遠超過自己的博士論文指導教授胡塞爾。海德格曾經提到，一九二五年安德斯跟著他念書時，寫了一封信給他，表示已經寫了一本關於周遭世界、狀態、抵抗（Umwelt-Zustand-Widerstand）的書，但無法決定應不應該出版，因為在那本書裡他分不清哪些思想是屬於他自己的，哪些又是屬於海德格的，他希望海德格讀一讀草稿。海德格簡短回信給他，「在我無法確定哪些是我自己的思想而哪些是別人的思想的狀況下，我不會考慮出版。祝安。」

也許這種困難一輩子都是安德斯在學術上的困境。許多跟著海德格讀書的哲學家，也很容易遇到安德斯的困難：海德格的思想以及語彙太過強大，每個人都會被牽扯進他看世界的方式，很難發展出完全屬於自己的觀點。鄂蘭放棄了哲學家的身分，成功的從政治思想的角度掙脫了海德格的權威，走出了屬於自己的道路。可是安德斯呢？他後來出版論海德格思想的專書，可以看到雖然他試着批判海德格的存有哲學，但是始終還是在發展一套海德格問題意識下的哲學人類學。

他與海德格夫婦都有很好的交情，甚至因為與海德格走得太近而被阿多諾厭惡，導致他無法在法蘭克福的學界生存下去。戰後他也沒有與海德格斷絕往來，一直維持著亦師亦友之情，他對科技的批判，簡直就是海德格存有論的另一個版本。可是他要怎麼面對那個與自己維持終身交情、卻在納粹時代高喊希特勒萬歲的思想導師呢？也許這是他與前妻共享的、一輩子都無法擺脫的悲劇。

而最大的悲劇當然是他的愛情。與鄂蘭的那一場婚姻絕對稱不上幸福，也許鄂蘭根本沒有愛過他，鄂蘭永遠只心繫著海德格，他必須時時刻刻面對著巨大的海德格的身影。鄂蘭在一九二五年與海德格祕密交往，但是那時候海德格害怕兩人不倫戀情曝光將影響他在馬堡的教職，當時他也必須專心書寫即將出版的《存有與時間》，無法分出心力給這段感情，鄂蘭只好傷心離開馬堡，最後去了海德堡跟著雅斯培寫那本研究奧古斯丁愛的概念的博士論文。一九二九年鄂蘭與安德斯閃電結婚，可是鄂蘭真的已經忘了他的導師了嗎？我們都知道沒有。在那段期間與海德格的通信可以看到她如何眷戀不捨。

鄂蘭在一九二八年獲得海德堡大學的博士學位時，海德格已經因為《存有與時間》被提名為胡塞爾在佛萊堡大學的接班人，因此下定決心要跟鄂蘭一刀兩斷。鄂蘭傷心欲絕，在信中這麼寫著：「你不會再來到我身邊了，我想，我已經理解你的意思。」她甚至在另外一封信中這麼激烈的寫著：「倘若我失去了對你的愛，那麼我也失去了繼續生存下去的權利，你向我展示的這條路，比我原先想的還要更遙遠以及更艱難，我得花我一輩子的時間來走完這條道路。」即使在一九二九年結婚那天，她也寫信給海德格：「我請求你不要忘記我，不要忘記我多麼深刻的知道，我們的愛情是對我的生命的祝福，這一點絕不會改變，即使是今天我即將在另外一個你不能理解的人那裡為我的不安找到家園與歸屬。」

而一封寫給海德格妻子的信裡，鄂蘭甚至承認「當我離開馬堡時，我已經決定不再愛上別人。可是我卻結婚了，嫁給一個我不愛的、對我來說誰都一樣的男人。」

在這種傷心欲絕的狀態下，安德斯與鄂蘭的結婚，注定不可能有圓滿的結局。加上流亡巴黎時候的窮困潦倒，這樣的婚姻能夠支撐八年，已經是奇蹟。但是兩人離婚後還是一輩子保持著平淡友誼，不管兩人分別過著什麼樣的生活，不管兩人分別有新的婚姻，他們終生都以通信的方式維持聯繫與思想交流，直到一九七五年鄂蘭過世為止。不過已經可以讀到鄂蘭刻意與安德斯保持距離，對於昔日的「貧困狀態下的共同體」沒有什麼眷戀。近年，德國就出版了兩人的書信集，收錄了離婚後直到鄂蘭過世，兩人長年而密集的通信[2]。

一九八四年，安德斯寫下這麼一段話，正可以用來形容那一段悲劇的感情對他的意義：「在那場舞會上，我與漢娜共舞，得到了她的垂青，我也理解到了，愛是這樣的行動：透過愛，你可以把經驗的東西——也就是你偶然遇見的他人——轉化到自身生命的超驗裡面。不過這種美麗的說法，後來也證實了並未成真。」鄂蘭是安德斯生命中偶然遇見的他人，最後也僅以他人的樣態離開了這段感情。

2 Hannah Arendt, Günther Anders. Schreib doch mal hard facts über Dich. Briefe 1939 bis 1975, Texte und Dokumente. Hrsg. Kerstin Putz, C. H. Beck, München 2016

11 〉鄂蘭

遇見鄂蘭

在瑞士電視台節目《哲學閃耀時刻》（Sternstunde Philosophie），德國物理學家漢斯—彼得·杜爾（Hans-Peter Dürr,1929-2014）說了一段讓人動容的往事。

在這個節目中，他其實是被邀請來談量子物理學，但是他敘說的不只是物理學，還是自己的人生。一九二九年出生的他，經歷了德國最悲慘的戰爭時刻。他的父親被徵召上了戰場，母親獨自扶養多個小孩，十幾歲的他嘗盡貧困，最好的朋友死於戰時，他對人類完全失望。

這個失望的少年，怨恨人生的不公，而戰爭結束時，美國人來了，突然他便成了罪犯。美國人視他與家人親友們如戰犯，可是他什麼都沒做啊，甚至還是戰爭的犧牲者。失望的少年更加失望了。

他說，當時他並未看過集中營，也不相信這種超乎想像的屠殺機制，認為這一切都是戰勝國為了懲罰德國人而想出來的謊言。主持人問他，難道你沒有罪責意識嗎？他說，沒有，一點也沒有，我當時認為我是無辜的，世界對我如此不公。

他對人類不再有信心，決定投入科學研究，那至少是他可以信賴的東西。二戰結束八年後，他獲得獎學金，到了美國柏克萊大學讀書。

當時流亡美國的德國思想家漢娜．鄂蘭（Hannah Arendt,1906-1975），剛剛出版《極權主義的起源》，在美國學界愈來愈被重視。她受邀至柏克萊大學舉行關於極權主義的講座。年輕的杜爾心想，且讓我去聽聽她說什麼吧。在那十四天的講座裡，他看到了一個不可思議的思想者，不可思議不只是因為思想深度，還在於這是使他建立對人類信心的人。當時他告訴自己，這是一個我信得過的人。

為什麼他覺得鄂蘭可以信賴？因為鄂蘭開始敘說那些並不邪惡者的故事，那些如他一樣平凡人的故事。在戰後，戰勝國急著為德國人們定罪，德國人作為整體承擔了戰犯的形象，沒有人在意像杜爾一樣的平凡人在戰爭時經歷了什麼歷史。而在柏克萊的課堂上，鄂蘭對著戰勝國的人們說出了不被聽到的故事。杜爾深受感動。

鄂蘭[1]

鄂蘭當時在課堂上對著美國人說，你們必須知道這件事：當你們看著一個群體，犯了錯，這個群體的罪責，從外界看起來，會比他們自我感受到的罪責更嚴重。反過來說，群體中的人，自我斷定的罪責，會比他們實際的罪責要小。

這正是年輕的物理學者的想法。他原來絲毫感覺不到自己的罪責，可是在鄂蘭的帶領下，他開始反省自己作為那個群體的一份子——即使自己並未參與大屠殺或者排猶——必須一同負起的罪責。那是什麼罪責？

鄂蘭解釋，所謂的有罪，並不是指你殺害某人，而是，如果你觀察到某件事情，你知道那是錯的，但是你卻別過了頭。

當然，人們會說就算我插手也改變不了什麼。但是鄂蘭認為，即使改變不了什麼，也不表示我們可以認為那與我們無關；我們有這樣的義務：你必須走向那個施加惡行者，問他／她：我看到了這一切，請告訴我，為什麼必須做這些事？我們有義務必須提問，讓對方解釋他的行為；這個質問，是重要的一步，因為行為者第一次必須把自己放在反思時刻中。

杜爾此前從來沒有這麼思考過。他確實曾經見過人們犯下錯行，卻不曾提出質問；他當時覺得無能為力，卻不曾面對犯錯者詢問：為什麼？

在這個意義上，他確實對於那場大屠殺負有責任。

獨裁統治下的個人責任

這種提出「為什麼？」的行動，正是一次重要的政治倫理行動；它改變了在不正義事件中的關係，旁觀者不再旁觀，不再接受事情就是這樣，也許並無法成為抵抗者，或者其實也改變不了結局，但是有義務成為質疑者；施害者也必須去回應他人的質疑，不再能毫無忌諱

1 https://upload.wikimedia.org/wikipedia/commons/6/62/Hannah_arendt-150x150.jpg

地施害，而必須說明自己行為的動機與理據。你為什麼要加害？或者，你為什麼要旁觀？目睹不義的人有責任問，而參與不義、或者別過頭去的人，有責任回答。

關於個人責任，鄂蘭後來在一九六四年寫成的一篇論文〈獨裁統治下的個人責任〉也有交代。這篇論文寫在《在耶路撒冷的艾希曼》後一年，接續該書的罪責問題，試圖釐清的正是杜爾在柏克萊課堂上感受到的東西，也是戰後糾纏著杜爾一整代德國人的難題：面對獨裁統治時，作為個人的我具有什麼樣的責任？我與不義的集體之間的關係為何？我應該背負不由我犯下的那些罪責嗎？

鄂蘭拒絕了無差別的問責德國人的作法。她說：「我在這裡希望提出的一點，超越了眾所周知的集體罪惡概念的謬誤，這概念首先被用到德國人及其集體過往之上——全德國，還有從路德到希特勒的整個德國歷史都該被起訴——事實上，這樣的說法很有效地替所有實際上做過某些事情的人洗刷了罪名。因為如果說每個人都有罪，就等於沒有人有罪。」[2]

因此，每一個在獨裁政體中的人都應該被個別探究其責任。她的這個說法，與其老師雅斯培的立場相同。雅斯培於戰後，德國仍在廢墟中時，在海德堡大學舉行了「論罪責問題」（Die Schuldfrage）的講課，後編輯成書出版，直接回應了戰後應如何看待德國人的罪責之問題。雅斯培認為，不能對德國人一體而論，在納粹時代，德國人就是對猶太人一體而論，無視於那族群身分背後無數獨特的臉孔；倘若無差別的讓德國人負擔集體罪責，那麼這與法西斯意識形態何異？

因此，每一位經歷過威權時代的人都應該被探究其個人責任，不該以集體責任為名「替所有實際上做過某些事情的人洗刷了罪名」。這是個嚴格敲打每個人良知、勇氣與判斷力的思想家，因而政治學者史蒂芬（Cora Stephan）說，對於戰後的德國來說，鄂蘭「廣受注意，但不被喜愛」（Geachtet, aber nicht beliebt）。而尤其是，鄂蘭對戰犯艾希曼的觀察，從「日常平凡中的邪惡」這樣的概念談艾希曼如何做為官僚體系殺人之幫凶，使得鄂蘭不受喜愛，因為，人們相信她在德國人中看到「我們每個人之中都存在著艾希曼」（Eichmann in jedem von uns）。

這也正是為什麼鄂蘭在柏克萊大學的課堂上說，應該要細究的是個人，而不是集體。我們不可在「集體」中卸下行動的責任，而必須自問，是否我們在那關鍵的時刻上，別過了頭，不曾做出必須的行動。

2 〈獨裁統治下的個人責任〉收於鄂蘭的《責任與判斷》（臺北：左岸文化，二〇一六，蔡佩君譯）一書。

沒有人有權利服從

另外也可以從一九六四年那次知名的電視專訪，討論鄂蘭從艾希曼案例中得出的對個人責任的觀察。

主持人是鄂蘭的好友，法蘭克福知名歷史學家以及媒體人費斯特（Joachim Fest）。一九六四年九月十八日，費斯特與鄂蘭一起去巴登巴登，為西南廣電錄製電視專訪節目，十一月九日，專訪在《主題》（Das Thema）播出。費斯特自己對極權主義的興起過程也有深入觀察，當時正在準備撰寫《一本希特勒傳》（*Hitler: Eine Biographie*），幾年後出版，銷售百萬冊，使他成為希特勒研究專家。因此這次訪談是高手對高手，有許多關於獨裁統治下個人責任精彩的討論。

在那個於一根接著一根的專訪裡，鄂蘭指出，納粹罪行是一種人類歷史中前所未見的新型態犯罪，可是，在這個巨大組織中的艾希曼，其實沒有犯罪動機。「他只想要參與（mitmachen），他想要能說出『我們』」，因此他並非傳統認知的邪惡罪犯，可是卻因為「參與」及「想要說出我們」，就足以使這樣的平凡公務員犯下不可思議之罪行。

「參與」及「想要說出我們」都是集體行動的慾望，在這種集體行動中產生了「力量／權力」，這本身並非惡性的，每個人都有集體行動的慾望，可是，當這些執行殺人命令的公務員們都聽從「參與」及「想要說出我們」時，所有對於責任與自身行動的思索被「關閉」（**ausgeschaltet**）了，成為純粹的虛空運轉（**den reinen Leerlauf**）、純粹的公務執行。鄂蘭這麼評價這種無思索能力的艾希曼：「他是典型的公務員，而當他真的除了作為公務員外什麼也不是時，這樣的一個公務員是格外危險的。對我來說那才是最關鍵的。我相信，意識型態在這裡未扮演太重要的角色。」

也就是說，艾希曼並非因為狂熱的信奉納粹意識型態，才參與這種新型態犯罪，而是他關閉了自己的反思能力，他讓自己成為純然的政府運轉的載體，除了公務員什麼都不是。就這樣，他讓自己成為「寫字桌大屠殺犯」（Schreibtischmassenmörder）。

在此，鄂蘭敘述了廣受批評的「日常平凡中的邪惡」（Banalität des Bösen）的概念，她說這並不是要指責每個德國人都是艾希曼，所謂的日常平凡指的是一種怠惰於思考的愚昧，「是不願意去想像，究竟他人會因而發生什麼事」。

費斯特這時追問鄂蘭，妳說艾希曼這樣的人不思考，然而，艾希曼這樣的人難道不是特別的德國現象嗎？在法庭上他自稱受到康德影響，並稱其終身都服從康德的道德法則，尤其是康德強調的義務。

鄂蘭說，這樣對康德的誤用，使人認為服從希特勒是德國特有義務感下的行動，真是

「無恥」。她認為這種服從不是專屬於德國的，因為康德所謂的服從不是服從獨裁者或暴行，而是普遍的律令，這種行動律令只能來自深思後的自己，「每個人都是自己的立法者」，在這意義下，艾希曼是康德意義之服從的極端反面。鄂蘭此時說了廣為流傳的名句：「在康德的思想中，沒有人有權利服從。」（Kein Mensch hat bei Kant das Recht zu gehorchen.）

康德的道德律令要求行動者必須脫離一己之利益與偏見，讓自己的行動依照他願意成為普遍有效的法則來行動，鄂蘭說這正是「站在每一個他人的位置上思考」（an der Stelle jedes andern denken），而這正是艾希曼不曾做到的。因此鄂蘭稱艾希曼完全無恥地誤解康德，怒稱對康德來說，沒有人有權利服從。不過，鄂蘭批評的是艾希曼所謂的服從的義務，必須放在對康德之見解中來理解。但她的句子讀來太過有力道，於是被省略了康德的部分，許多人喜愛引述的版本成為「沒有人有權利服從」，並且在德國作家布萊希特也曾說過的另一句關於服從與抵抗的名句之意義中，來理解鄂蘭：「在不法成為合法之處，抵抗便成為義務。」（Wo Unrecht zu Recht wird, wird Widerstand zur Pflicht）

在義大利的波爾察諾自治省（Autonome Provinz Bozen），財稅廳外有一面外牆，在法西斯政權時代刻上了莫索里尼的口號：「信仰、服從、戰鬥」（Credere, obbedire, combattere）。這些年來這個外牆一直沒有被除去，但也爭議不斷：究竟如何處理法西斯遺緒？抹除？或者與之交鋒？

二〇一六年，當地政府選擇保留這面外牆，不遺忘這段歷史，但必須與之交鋒。他們以多種語言在「信仰、服從、戰鬥」的上方另外刻上「沒有人有權利服從」。

那個訪談後這麼多年來，鄂蘭始終提醒著我們，不管多麼平凡，我們都能做個不平凡的思想者與行動者，這是每一個人的責任。

科學的責任

回到杜爾從鄂蘭那裡得到的教誨。在那個課堂上，鄂蘭讚許的不再是退出政治秩序這樣的非參與式反抗，而是在看到應該反抗之事時，主動地去問為什麼。但其實這兩種行動並非矛盾，前者主要針對官僚機器中的每一個齒輪，後者針對一般人，都是以個人的方式進行政治行動。退出獨裁政體的運作，與質問他人為何支持獨裁政體，可以同時發生，都是「那些願意思考、也因此必須自行判斷的人」所作出的政治決斷。或者，借用其名著《行動生命》（*Vita activa oder Vom tätigen Leben*）的概念，他們以其政治行動，開啟了一個絕對獨特的、新的事物，而能催生後續的連鎖行動。這裡開啟的獨特性，就是藉由提問、撤退，創造了破壞獨裁機器或其他一切不義體系運作的反秩序。

鄂蘭贏得了那個一直覺得自己無辜而忿忿不平的德國青年之信賴，也影響了他此後人生。他說，他終於脫離「內在疏離」，開始以這樣不同的姿態介入世界：遇到不理解為什麼人會做出某事時，他會走到他／她面前問「為什麼？」；這個姿態使他更能從理解他人中理解自己，也使他更能面對異文化。我們畢竟無法了解世界上所有的文化，但是總有與之相遇的時刻，在這個時刻上，問「為什麼？」不一定是在錯誤發生時的質問，也可以是解開誤會的求索，是展開對話的契機。

因此，他對人類的理解，以及對自己的理解，有了更開闊的、更不一樣的角度。

杜爾後來成為非常知名的物理學家，長年擔任德國最知名研究機構馬克斯普朗克物理研究所所長，但世人最記得的也許不是他的科學貢獻，而是他對世界和平的影響。在柏克萊時，「氫彈之父」泰勒（Edward Teller）是他的指導教授，而畢業後他在德國擔任對於核能研究有決定性影響的海森堡（Werner Heisenberg）的助手。但是在政治立場上，他走上了一條與老師們完全不同的道路。

在泰勒身邊讀書時，他理解了，原來他那麼信賴的科學、那麼迷戀的物理，就是製造出炸彈的學問。但即使身邊都是「炸彈製造者」，他卻是堅定的和平主義者；他反對科學的軍事功能，也反對核能——不管是軍事或和平用途；他是個非常徹底的環保主義者，冷戰時期，成立全球挑戰網絡協會（Global Challenges Network e. V.），以推動解決環保問題；他加入各種反核組織，也擔任綠色和平組織主席。一九八七年，他因為其和平工作，獲得被稱為另類諾貝爾獎的正確生活方式獎（Right Livelihood）。二〇〇四年他獲得德國極高榮耀聯邦大十字動章。

這位物理學界的精英，卻一生對於科學的存在提出「為什麼？」他主張規範科學的用途，認為科學必須有益世界和平。他反核，要求科學必須建立嚴格的職業倫理，最終使得他與其學術同行漸行漸遠。這一切的執著，也許都來自一九五三年，去了柏克萊的那個德國青年，學會了問「為什麼？」對他人，也對自己。

鄂蘭寫過：「不論發生什麼事情，我們只要是活著，就要活得心安理得。」遇見鄂蘭前他不一定能夠這樣宣稱，但是那之後，他過著持續問「為什麼？」的人生，確實活得心安理得。

德意志思考

12 〉「我不是馬克思主義者！」

謹向諸位推薦來自特里爾的馬克思先生

德國是一個高度重視博士學位的國度。我們常說臺灣是博士內閣，但是，德國政壇的博士也不在少數，近年來不少德國官員因為博士論文被爆料有抄襲段落，而被追回博士學位，甚至下台，顯見博士學位的誘惑力有多大，讓他們寧願抄襲也要弄到一個。據報告指出，德國每年約產生兩萬五千個博士，其中可能有六百個是透過非法途徑獲得。而也因為這些案例，讓媒體開始注意德國博士授予是不是存在著濫竽充數的情形，大家熱烈討論德國大學的教育及研究品質是否低落。

這裡先不談這種心結，或者博士學位的社會功能及高等教育品質。我想分享一個有趣的思想史人物，來說明我們不熟悉的德國式博士制度。

他就是Dr. Carolo Henrico Marx，這是拉丁文名字，德文版的名字就是你我都熟悉的卡爾．馬克思，或者按照德國尊敬學術頭銜習慣，卡爾．馬克思博士。

從中世紀以來逐漸發展成熟的德國大學，很早就開始頒發博士學位，尤其隨著經濟發展，受高等教育的人逐漸變多，知識的累積愈來愈快、愈多，在科學研究上也愈來愈有成果。但是，另一方面來說，在工商界或其他產業界，當然也產生了渴求博士學位以作為門戶妝點用處的需求，但是有這需求的人不是每個人都有能力或有興趣為學術作奉獻，因而產生了「不在場的攻讀博士學位」（promotion in absentia）方式。

這種拿博士的方式，不需要上課、不需要答辯，真的是完全的不在場。洪堡大學社會學教授侯恩玻士特爾（Stefan Hornbostel, 1955-）就說，這是給那些有錢買學位的人開了方便之門，而歷史學家蒙森就曾針對學界充滿偽博士而撰文公開批評。

當然，有些大學還是在高等學術研究上有很多堅持，例如，馬克思在柏林唸的柏林大學，就堅持一定要寫論文，且必須通過論文答辯，同時論文必須以當時的學術語言拉丁文撰寫。侯恩玻士特爾說，因為馬克思用德文寫了論文，不符合柏林大學規定，最後他只好跑去耶拿大學，以「不在場博士」方式取得學位。

當時很多博士生都會打聽哪間大學取得博士的考試程序比較簡單（或甚至辦理考試審查

費用比較便宜的大學），便轉換學籍去求得博士學位。反正德國大學都差不多，沒有真正的品質高下之分。於是，母校是波昂大學跟柏林大學的馬克思，雖然從來沒在耶拿讀過書，但是在一八四一年時，二十二歲的他向遠方的耶拿大學遞交了哲學博士論文，經過三天審查後，耶拿大學哲學系系主任巴赫曼（Carl Friedrich Bachmann, 1785-1855）寫信給哲學系審查委員會，稱這位來自特里爾的優秀的馬克思先生學識淵博，可獲得博士學位。他的信全文如下：

耶拿大學哲學系主任卡・弗・巴赫曼教授對卡爾・馬克思的博士論文的推薦書

最尊敬的先生：

最尊敬的顧問們：

謹向諸位推薦特里爾的卡爾・亨利希・馬克思先生這位完全合格的學位應考生。該考生寄來了：1.申請書（a件）；2.兩份關於他在波昂和柏林的大學學業證明（b件、c件）。對證件中指出的違反紀律一事我們可不必在意；3.拉丁文申請書、自傳和一份題為《德謨克利特的自然哲學和伊壁鳩魯的自然哲學的差別》的學位論文，以及一份證明作者身分的拉丁文公證（d件）；四・一二元，超過規定的餘額將退還該考生。學位論文證明該考生不僅有才智、有洞察力，而且知識廣博，因此，本人認為該考生完全有資格獲得學位。因為該考生在德文申請書中表示僅希望獲得博士學位，所以他在拉丁文申請書中提到碩士學位，顯然是由於不了解我系章程而產生的誤會。他可能以為兩種學位等級相當。本人確信，這點一經澄清，即可滿足其要求。

敬請明鑒審定。謹此

致意

現任系主任
卡爾·弗里德里希·巴赫曼博士
一八四一年四月十三日於耶拿

在這份文件裡比較值得注意的是，馬克思填了兩份申請書，德文版說要申請博士學位但拉丁文版說要申請碩士學位，其實，在中世紀的時候，碩士（Magister）跟博士並沒有什麼差別，碩士學位（Magisterium）與博士學位（Doktorat）被視為程度等同，僅因學科差異而有不同區分（我就曾看過黑格爾的畢業證書是碩士畢業證書，但是後來也被稱為Dr）。但是到了後來，大學開始區分碩士學位及博士學位之差異，也許耶拿大學正在開始「教改」，馬克思一時不察才搞混。

另外有趣的是，校長說不用在意馬克思求學時違反紀律的事。馬克思犯過什麼錯？就是當時一般大學生會犯的錯，例如醉酒鬧事、破壞夜間安寧等，他曾因這些「罪名」被抓進學生禁閉室。如果大家去參觀過海德堡大學的學生監獄就可以知道，以前的大學生鬼混開趴胡鬧，甚至拔劍決鬥的事情可多的咧。

最後，馬克思獲得博士學位。這張拉丁文證書，就是他從未讀過的耶拿大學頒給他的證書。原件藏於莫斯科的馬恩列研究所（戰後蘇聯佔領下，有許多馬恩原始資料被送到了莫斯科保存）。

歷史的諷刺就在這裡。耶拿大學是一間有傳統的好大學，曾經有歌德擔任大學管理者，全歐洲知名的學者席勒、費希特、謝林、黑格爾都曾在這裡任教，這些可是被媲美為如同希臘雅典時代的德國哲學界黃金世代的天才們，耶拿大學因而成德國觀念論中心。結果是，從沒讀過耶拿大學的馬克思成為學校最知名的「校友」。

耶拿大學在冷戰時期位於東德境內，可能也因為出過馬克思博士同志，是二戰後東德最早恢復招生的大學，也在當時由共產黨設立了「辯證唯物論研究所」（Institut für Dialektischen

Materialismus），培養黨內理論家，對於學校以前這些天才學者的「觀念論」的研讀與批判不遺餘力！於是，一間大學的學術傳統，就這樣被「頭腳倒立」了……

動盪的一生

馬克思的妻子燕妮（Jenny Marx）的文章及書信集《動盪的一生》（*Ein Bewegtes Leben*），是非常動人的一本書。她動盪的一生與德國工業化及左派發展史互相呼應，我們都太習慣閱讀馬克思的生平及著作了，從他的另一半來思考德國歷史問題，不一定更深刻，卻更貼近。

這個原來出身貴族，娘家姓封・威斯特法倫（von Westphalen）、大馬克思四歲的女人，是那個時代少有的受過良好教育的女性，卻一輩子跟著馬克思過苦得要死的日子，四個小孩因過於貧困而病死，她只能跟著馬克思流浪。

這本書由東德出版於一九八九年，圍牆倒榻前幾個月、仍然信奉著馬克思主義的鐵幕那邊。書裡蒐集了燕妮的自述，她寫給母親、親戚好友、恩格斯，以及給「卡爾」的信，可以讀到她如何陪著她的卡爾浪居全歐洲，在巴黎受到祕密警察驅趕，只得緊張地變賣少得可憐的家具換取微薄路費逃出法國。也可以讀到她如何親暱地喚李普克內西（Karl Liebknecht,

1871-1919）*為「我的親愛的圖書館」，她如何經歷喪子之痛，她婚前與卡爾親密的書信往來、並為了她的年輕博士愛人驕傲無比的樣子，也可以讀到她如何詳細閱讀黑格爾的著作，以了解她的卡爾的思想世界——他們的女兒甚至說「沒有我的母親，我的父親將無法寫出那些作品」。記載時間從一八三八年跨到一八八一年，早期共產黨人之間的往來及一八四八年革命的時代氛圍都毫無保留的呈現。那並不是光明的時代，而馬克思一家在陰暗中掙扎地活著，馬克思就在這個時代中，跟恩格斯一起以政治經濟學語言打造出了勞動階級的世界觀。

這本書最後以一八八一年恩格斯在燕妮的葬禮致辭結束。她的一輩子都在動蕩中，讀其中一封她寫給恩格斯的信，戚戚然讓人不忍卒讀。她怯生生不安地向恩格斯求助，描述他們在倫敦的貧困，並說她已經山窮水盡，寫信給親朋好友們求救，卻毫無回音。「您能夠寄給我們一些東西嗎？」這個出生貴族、曾因其美貌及活躍被稱為特里爾舞會皇后的可憐的燕妮，告訴恩格斯：「請您要過得好。」然而她自己卻不曾過得好。

不過在一封寫給遠行的卡爾的信裡，她這樣說著：「我們都常常忘記，我們有多富有，而過於相信我們很貧窮。我們只記得犯錯的痛楚，而忘了我們值得愛的、良善的心腸。你快回來吧，快樂地跟我與孩子們一起過。」多麼堅強溫暖的女人，難怪恩格斯在葬禮致辭上說：「對於她的個人特質我無須贅言，所有她的朋友們都清楚無比，也不可能忘卻。倘若世界上真

恩格斯（後排右一）、馬克斯及其女兒們[1]

* 李普克內西，德國共產黨創始人之一，德國青年運動的領袖，國際共產主義運動中著名的宣傳家和組織家。

1 https://upload.wikimedia.org/wikipedia/commons/archive/f/f5/20180813174928%21Marx%2BFamily_and_Engels.jpg

能有一個女人，自己最大的快樂就在帶給他人快樂，那麼這女人就是燕妮。」

自白

老實說，我不是很愛讀馬克思的政治經濟學分析，大概我的個性真的讀不來，但是他的很多雜文以及比較哲學性質的文章倒是讀得津津有味。另外，我很愛讀他的書信，我手上有東德編輯的《馬恩全集》三一、三二卷，都是他流亡時與當年各共黨幹部及運動人士的通信，可以從那些很不掩飾的真心話裡看到當年他流亡英國的困境，以及十九世紀下半葉工人運動的概況。

翻閱全集第三一卷，驚訝地發現一個趣味的史料被收在這本書的最後一篇。這東西叫Bekenntnisse（自白），原文是英文Confessions，是當年英國流行的社交遊戲，大概就像我們今天還是會在畢業紀念冊裡寫下個人資料小檔案之類的。這個「自白」，原來寫在馬克思女兒的紀念冊（不只馬克思，全家都寫了），並不是信件，但是編輯還是把它收在這個全集裡。

這個自白裡，馬克思回答了一些制式問題，答案很有個人風格，但不一定符合我們對大哲學家的印象。其中幾個比較有趣的：

「最喜愛的德行：簡單。」但我看他寫作時應該忘記這個德行吧？

「最重視的男性德行：力量，最重視的女性德行：柔弱。」好傳統的男人哪！

「最重要的特質：努力追求達成目標。」就算在英國流亡，窮途潦倒也在所不惜……

「最喜歡的活動：埋首書堆。」握手，早知你是同道中人。

「最喜歡的作家：狄德羅、萊辛、黑格爾、巴爾札克。」誰說他討厭黑格爾的！

「最喜歡的座右銘：一切與人類有關之事，都與我有關（Nihil humani a me alienum puto）。」

「最喜歡的格言：一切都有可質疑處（De omnibus dubitandum）。」

「討厭的：馬丁．涂沛爾（Martin Tupper）。」我不知道這是誰，還去查了維基，看來是個馬克思時代的英國詩人。維基寫著：「這位英國詩人因為馬克思在紀念冊中寫下討厭他而知名。」這種出名方式，似乎有點尷尬啊？

馬克思另一個討厭的東西是紫羅蘭粉（Veilchenpuder），似乎類似今天的爽身粉。

另一個有趣的是，最鄙夷的歷史人物這個問題，他留白了。一般人都可以隨便就寫好幾個吧？或者，他的候選人太多了？

而什麼是幸福，什麼又是不幸？馬克思也跳過了這個問題。不寫也好，萬一要是他在女兒的紀念冊上寫不幸就是勞動者異化於他的產品，幸福就是人類早日成為自由人聯合體，一定會被女兒揍飛吧。

可是馬克思沒寫過，這個體系上還得加上獨裁體制啊！

二〇一八年是馬克思誕生二百週年，除了他的家鄉特里爾舉辦各種慶祝活動外，德國出版界也興起一陣馬克思熱，媒體也討論到底現在還紀念馬克思有什麼意義。某日吃早餐的時候，我看了記者與左派國會議員吉西（Gregor Gysi, 1948-）連線討論這個問題，蠻有意思的。吉西出身前東德，現在是德國左派黨的國會議員，也是全歐洲左派政黨組成的左派聯盟的主席。此君從政生涯爭議不少。在這個新自由主義思潮當道的時代，他很不合時宜地仍舊堅持自己的左派立場，還有著政治人物裡面少有的尖銳與幽默，YouTube上面也有人把他的精彩言論剪成精選輯。二〇一七年出了一本自傳《一生太少》（*Ein Leben ist zu wenig*），非常暢銷。二〇一八年出版《馬克思與我們：為什麼我們

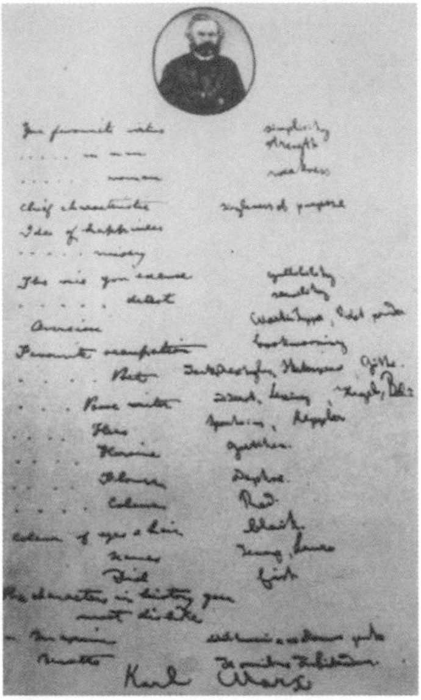
「自白」的原稿[2]

需要一種新的社會理念》（*Marx & wir. Warum wir eine neue Gesellschaftsidee brauchen*），也賣得不錯。

他是馬克思的忠誠信徒，在二百週年誕辰紀念時巡迴全德國演講，呼籲重新恢復並珍惜馬克思學說裡面具有的民主與自由解放意義。而在這個訪問裡面，記者提問，如果馬克思是對的，為什麼人類歷史上擁抱馬克思的國家都錯了？吉西重申，馬克思學說裡面的自由價值始終被誤解，或者被錯誤的實踐。例如《共產黨宣言》裡面強調每個人的自由是全體自由的前提，卻在東德以及許多前共產國家被錯誤的引述，只強調全體自由的部分。

從下面這個對話可看出吉西的直言。

記者問，是啊，自由，在馬克思思想裡有特別重要的地位，可是我們怎麼能夠理解像中國這樣的極權政權卻能不斷訴諸馬克思？

吉西說，他之前訪問過中國，問過中共，你們搞的是資本主義的市場經濟吧？中共說，是的，因為我們理解了馬克思。吉西追問，為何這麼說？中共答道，因為馬克思說過，資本主義的任務就在於工業化，因此我們需要資本主義的市場經濟好完成工業化。列寧就是沒有

2 https://de.wikipedia.org/wiki/Karl_Marx#/media/File:Karl_Marx_Poesialbum_Eintrag.jpg

這樣搞，犯了大錯。

吉西這時毫不客氣地反駁：「可是馬克思沒寫過，這個體系上還得加上獨裁體制啊！他說的是我們需要更多民主更多自由等等。不過中共回答我什麼，我想你也知道的。」

放眼歷史，那些獨裁政體或者法西斯政權，多會從政治思想經典中尋求正當性來源，然而那些都不是能說服我的援引，而只是從經典中挖掘政治動員的能量。這也是經典的力量，深刻的思想本來就廣博，各種立場的人都可能片面地從中找到自己要的東西，並且以自己的方式剪裁挪用。例如納粹看到的費希特、尼采，例如海德格從柏拉圖裡談論德意志民族的天命，也例如蘇聯、東德與中共的馬克思主義。「我只知道，我不是馬克思主義者。」馬克思自己這句話，正道出了其中弔詭。

一八四八年革命

我一直對於法蘭克福一八四八年到一八四九年的立憲運動感興趣，這是一場發生在法蘭克福保羅教堂的德國第一場民主立憲運動。也因此，使得保羅教堂對於德國人來說有著極為重要的地位，那是一個人權的聖堂。

還住在法蘭克福的時候，只要有朋友來找我，我一定帶來這裡參觀，因為這個地方曾經是德國（或者說德語區）第一部憲法通過處，一八四八年時，來自全德的代表聚集於保羅教堂、組成議會，隔年通過了《帝國憲法》（*Reichsverfassung*）。

這部憲法保留了皇帝，但取消一切貴族特權及頭銜。建立兩院代議制，另外取消死刑，保障通信祕密、言論出版新聞自由、信仰自由、集會自由等，豪氣地寫下：「人的自由不可侵犯」（**Die Freiheit der Person ist unverletzlich.**）。

雖然在普魯士反對下，這部憲法並未生效，而保守勢力也鎮壓了民主自由派，這個討論中的第一共和最後終究失敗。但是這部憲法

保羅教堂[3]

3　https://de.wikipedia.org/wiki/Frankfurter_Paulskirche#/media/File:Zeitgen%C3%B6ssige_Lithografie_der_Nationalversammlung_in_der_Paulskirche.jpg

點起的人權火苗也許黯淡，卻並未完全熄滅，後來的民主立憲運動，都還是回到這部憲法的精神，包括一九四九年討論《基本法》時立憲委員會的討論還是提及《帝國憲法》。而保羅教堂在德國民主化歷史中也始終有無比重要的象徵地位。

為紀念其特殊地位，法蘭克福如有國家級重要慶典就會在這裡舉辦，例如國慶。另外，每年的德國書業獎頒獎典禮也在此舉行，頒發給對人權、自由有功的重要人士。一九六三年時甘迺迪來法蘭克福，也在此演講，當時柏林圍牆剛剛被蓋起來，冷戰揭幕，聯邦德國人心惶惶，甘迺迪在保羅教堂裡讚揚那些一八四八人士，並強調歐洲民主自由價值必須被捍衛，他說：「西方的未來取決於北大西洋的伙伴關係。」確認了美國與德國的民主陣營盟友關係，穩定了分裂中的國家。

從《一八四八年／四九年首次德意志制憲代表會議》（*Die erste deutsche Nationalversammlung 1848/49*）這本書，便可以讀到當年來此試圖改革這個國家的人們之雄心壯志。

這是一本很有意思的書，一百七十年前，包括格林兄弟在內，來到法蘭克福的那些追求民主共和的改革者們，在保羅教堂寫出了一部非常進步的憲法，當時他們以為終於可以在落後法國大革命六十年後，也開始在德意志大地點起民主火花，不過最後他們還是被普魯士鎮壓了。

而這本書就是他們開會後在冊子上寫下感言簽名的翻印本，其實就是今日的畢業紀念冊概念。一比一比例製成這本大書，這些人手跡讀來原汁原味，有一種起雞皮疙瘩的感覺，如臨現場。有些人寫了一兩頁，有些人寫了一兩行，都是對於德國未來充滿樂觀的期待，也對於民主即將到來興奮不已。

Neue
Rheinische Zeitung.
Politisch-ökonomische Revue,
redigirt von
Karl Marx.
1850.
Hamburg und New-York.
bei Schuberth & Co.

《新萊茵報》[4]

不過，對於這場失敗的革命，也是有批評聲音的，就是年輕的馬克思。他在一八四八年十二月十五日的《新萊茵報》上寫了一篇評論〈布爾喬亞階級與反革命〉（Die Bourgeoisie und die Konterrevolution），批評一八四八年會議諸君堅持君主立憲，堅持君主的不可侵犯，使得這些代表們沒有真正站在人民那邊，註定要失敗。

馬克思寫道，這些普魯士的布爾喬亞從一開始就背叛了人民，與王室站在一起，支持舊社會。「並非一個新社會的利益在對抗舊社會，而是在一個老舊的社會裡，再次代表了原有的

4　https://de.wikipedia.org/wiki/Datei:Neue_Rheinische_Zeitung_politisch_%C3%B6konomische_Revue.gif

利益。」批判聲音尖銳，直指與會者是假改革者，並未撼動這個國家的政治經濟結構。

馬克思比較了一六四八英國革命、一七八九法國革命與一八四八德國革命，認為前兩者都是整個歐洲意義上的政治行動，是新時代要對抗舊時代，是新的社會秩序的勝利，可是那時候歐洲並沒有工業化之後的勞動無產階級。在德國革命時，無產階級已經出現，而德國的布爾喬亞們卻從未思考新的社會秩序是不可能排除工人革命的，因而成為一種不合時宜的反革命。馬克思尖銳地批評，那些自由主義者只知道「皇冠的不可侵犯」（Unantastbarkeit der Krone），是與封建勢力及帝制的共謀，是不信任人民、是對人民的背叛。

不過，看這本留言本，可以看出當年這些人並不認同馬克思，他們確實相信自己冒著生命危險從事民主改革。例如制憲者之一的 J. B. 曼（J. B. Mann jr.）寫著：

> 一八一三年，對抗法國的解放戰爭，把我帶到了法蘭克福。而一八四八年也把我召喚到這裡來，以參與德意志祖國的新建設。那時候我們所爭取的，現在也許可以達成：德國的自由及偉大。

其實我覺得馬克思的批評不是那麼公允，如果看看法蘭克福議會制定的《帝國憲法》內容，即可知道這場革命雖然來得晚，也站在保皇立場，可是立憲內容相當進步，對於基本權利及自由的保障應該非常到位，完全背叛了人民嗎？我不認為。不過，從馬克思期待新的時代、新的階級關係下，能夠重寫新的歐洲秩序，可以理解他對一八四八年革命充滿妥協味道的失望。

洪水在我之後

美國總統川普宣佈退出《巴黎氣候協議》一事，德國媒體多嚴詞批判，《法蘭克福環視報》(*Frankfurter Rundschau*) 一篇評論報導的標題極為傳神，顯見記者及編輯功力之深。

這篇標題是“**Nach ihm die Sintflut**”，是由德文裡的一個片語 **nach mir die Sintflut** 改寫而來，**Sintflut** 就是大洪水，聖經裡毀滅一切物種的那種巨大的災難，**nach mir die Sintflut** 意思就是大洪水是在我之後才會來，也就是說，我根本不在意以後的災難，根本不在意別人死活，洪水來時我也早已死了，我只要現在自己過得好就好。

而記者下的標題就是「大洪水在他之後才會來」。不只引用人人皆知的聖經典故以及德文熟語，暗示了川普的自私心態；也透過大洪水的意象，讓人聯想到人類對地球生態犯下的罪行，造成物種毀滅的後果，並連接了《巴黎氣候協議》對於預防嚴重環境災禍的重要性。

這個片語在馬克思的《資本論》裡也非常到位地被以法文原版引用。在《資本論》第一卷談每個工作日的工時那章，馬克思控訴雇主侵佔了勞動者的工時，讓工人工時極大化，卻未付出相對應的報酬，也讓工人以超出身體能夠負荷的程度勞動，無視工人必須休息恢復。極愛用典的馬克思便這樣說這種「別人死活與我何干」的心態：

> 在我之後才有大洪水！（Après moi le déluge!）這是每個資本家以及資本家的國度之心聲。資本，在這樣的想法下，根本不會顧慮勞動者的健康及壽命，除非社會強迫他們必須顧慮。

放眼今日政壇與社會，多少糟糕的決策都是因為那些不在乎日後會發生的洪水而做成的？《資本論》的控訴，依舊刺耳。

13〉邪惡、醉醺醺，可是聰敏。約瑟夫・羅特

我的德文教材

翻開《皇家墓穴》（*Die Kapuzinergruft*），許多回憶浮現。

那是二〇一一年，我在柏林的歌德學院上C2班，歌德學院可以開設的最高級班。這個班很多同學的德文都厲害得像鬼一樣，還有人其實父母之一就是德國人。當時市面上也沒有什麼專門針對這種班級的德文教材，就語言方面，基本上沒有什麼新的東西可以教，我們每天少數時間複習以前學會的東西，多數時間讀報紙評論，針對德國和歐洲最新的時事閒聊或者辯論。老師是一位日耳曼文學博士，研究義大利與德國彼此的文學影響（根據我的義大利同學說，完全聽不出來他的義大利語是外國人講的），基於老師自己的信念，這個班的程度應該要能夠理解德文文化中最深奧的東西，所以我們也讀一些經典，佛洛伊德一些關於潛意識

的文章，以及韋伯那本新教倫理，我就是在這個班裡面第一次讀原文的，但沒有全部讀完就是。

而這本小說《皇家墓穴》，就是在那時候一字一句全部讀完的。當時我們每個禮拜念幾章，然後在課堂上討論，當然每個人都不是專業的文學研究者，便說說自己的讀後感想，老師帶一些問題，反反覆覆討論間，大家也對歐洲現代史有了一些更深入的看法。

作者約瑟夫・羅特（Joseph Roth, 1894-1939）是奧匈帝國的遺民，這本小說就是描述一九一三年到一九三八年期間的奧地利，或者說，從一次大戰前夕到納粹併吞奧地利為止，被稱為「多瑙河王朝」（Donaumonarchie）的奧匈帝國之殞落。他藉著書中主角特洛塔（Trotta）家族之口，敘述了那無可奈何的國家歷史命運，反省戰爭、死亡、國族問題。羅特這本小說正是出版於一九三八年，從柏林流亡美國之際，可說是一本即時書寫政治現狀的文學作品。

當時我讀得興味盎然，每一頁空白處都寫下自己的心得，也去找了羅特其他的小說來讀。後來去考了歌德學院的高級德語考試證書（Zentrale Oberstufenprüfung, ZOP，現在沒有這個考試了，已經改為C2德語考試證書），筆試作文的部分就寫了關於羅特小說的分析，得了不錯的分數。

德文老師後來約我們去了柏林一家名字就叫「約瑟夫・羅特」的餐廳吃飯，羅特與柏林頗有淵源，曾經流亡柏林幾年，寫作之餘也在此擔任記者。這家餐廳的老闆，顯然也和我一樣是羅特忠實的讀者。

受這本小說影響，後來我兩度去維也納度假，就為了親眼看看特洛塔家族魂牽夢縈的地方。真的，那個城市就是有小說中那種揮之不去的傷感，那種被時代拋棄的無奈。站在那裡，腦海裡是《皇家墓穴》的最後一句話：「我，一個特洛塔家族成員，現在該往哪裡去呢？」（Wohin soll ich, ich jetzt, ein Trotta...?）有時真會覺得，那曾經是世界中心的維也納，這些年來也總惆悵著，現在該往哪裡去呢？

從記者到文學家

要理解羅特的文學，必須理解他的生平。他生於十九世紀末哈布斯堡王朝治下的奧匈帝國，家鄉是現在分別屬於烏克蘭和波蘭的加利西亞（Galizien），這也是《皇家墓穴》中持續出現的舞台。該地區為奧匈帝國東方一個貧困省份，羅特也是在貧困的家庭裡成長。父親在他小時便因精神疾病離家，客死異鄉，他從小與母親生活在布洛迪（Brody）這個城市，深居簡出。童年的貧困經驗，也成為他後來文學創作持續出現的主題。

如同他家鄉大部分居民，羅特是猶太人，而東歐的猶太人的認同比西歐更複雜，因為政治、宗教、文化都處在一個不斷變動的區域，加利西亞便是奧匈帝國裡民族組成與語言最為複雜的省份。在這個背景中成長的羅特，深受猶太文化影響，但是他的寫作養分卻又不只是猶太的，而是在極度多元的文化成分中養成。羅特一生都把加利西亞視為其精神的原鄉。

來自貧窮鄉下的羅特，很早便嚮往維也納。當然，哪一個帝國子民不嚮往維也納呢？在其《流浪的猶太人》（*Juden auf Wanderschaft*）書中，羅特便曾描述了東方的猶太人對於帝國西方的無窮景仰。那個當時世界的中心、弗蘭茲．約瑟夫一世皇帝治下的首都，學術發展如此鼎盛，媒體蓬勃，大有成為全德意志民族首都的氣勢。當羅特在東方鄉下讀中學時，那個同樣出身於加利西亞的猶太人佛洛伊德，已經在維也納提出各種驚世駭俗的心理學研究；維也納人天才哲學家維根斯坦正在寫他的《邏輯哲學論》，許許多多文學創作者在維也納的咖啡屋寫

學生時代的羅特[1]

出各種具實驗性的作品，這樣的維也納也使羅特於一九一三年中學畢業後，到了維也納大學讀日爾曼文學、語言學及哲學。

不過，熱愛文學的羅特在學校裡過得並不愉快，與老師或同學都保持一定的距離，只在大學讀了五個學期便輟學，後來他這麼形容為什麼他無法繼續求學：「我期待的是詩，但找到的卻是日爾曼文學。」

一個決定他輟學的原因是，當時爆發了一次世界大戰，羅特決定於一九一六年從軍，前往東線戰場捍衛帝國，也就是他的家鄉加利西亞。戰爭結束後，奧地利終究失去了加利西亞，羅特永遠失去了他的家鄉。

從戰場回到維也納，羅特開始了他的新聞工作。他在維也納為《新日報》（*Der Neue Tag*）寫稿並擔任編輯。一九二〇年，他搬到柏林、為各主流媒體撰稿。二〇年代是他創作能量極高的時代，除了新聞工作外，他陸續出版了《蜘蛛網》（*Spinnennetz*，1923）、《薩福依飯店》（*Hotel Savoy*，1924）、《叛亂》（*Die Rebellion*，1924）等作品，成為深受德語圈重視的作家。

他在政治上偏向左派，為許多左派報刊寫作，其中一個影響力最大的報紙是德國社民黨

1 https://commons.wikimedia.org/wiki/File:Student_identity_card_photo_of_Joseph_Roth_(4923336475).jpg

黨報《前進》（*Vorwärts*），於是，他在新聞界贏得了「紅色約瑟夫」（Der rote Joseph）之稱。

流亡巴黎

一九三三年，希特勒掌權後，從小熟悉反猶主義的他立刻知道，這是一個無人可以承擔的後果，身為猶太人與左派，他不可能倖免於納粹的法西斯主義政權迫害，於是那一年他立刻決定離開柏林，逃到還沒有被入侵的巴黎。果然，很快地納粹展開焚書行動，清除那些不符合其意識形態的作品，羅特的小說也在焚書名單中。

在巴黎，他感受到自由的空氣，興奮地寫信告訴一位友人「這裡是世界之都，是思想者的天堂」。這段期間，他在巴黎留下非常多的作品、日記、書信，也因此，前幾年甚至有一齣戲《羅特在巴黎》（Joseph Roth in Paris）在奧地利劇院上映。

不過除了能夠躲開暴政、自由地寫作，他在巴黎的生活並不順利。他在威瑪共和國時期出版了許多小說，正好趕上了文藝之花盛開的二〇年代，因此他在柏林的日子過得相當順遂。可是三〇年代那個動亂的時期，可以想像作為一個作家極不容易生存，再加上他的作品在德國已是禁書，流亡巴黎的他與許多德、奧流亡文人一樣，都有經濟上的問題。當時，他在巴黎杜爾濃咖啡店（Café Tournon）樓上的廉價旅館租了一個小房間，與妻子兩人縮衣節食度日，每日泡在樓下的咖啡店裡寫作。那個不如意的時代裡，羅特有酗酒問題，時常醉得不省人事。

這間位於巴黎第六區的老式歐陸咖啡店，非常受到維也納圈子的文人喜愛，羅特在此與他的同代人聚會，談論歐洲的局勢，最後很戲劇性地，居然也死於此咖啡店裡。一九三九年五月二十三日，他在咖啡店中倒下，被緊急送醫，幾天後過世。據說，他倒下的原因是得知了在柏林相熟的另一位左派作家恩斯特・托勒爾（Ernst Toller），流亡紐約後極為落魄，於五月二十二日自殺身亡。

第三帝國毀掉無數才華洋溢的創作者，將他們推向毀滅的深淵，羅特也在那一年成為其中一人。然而，即使沒有托勒爾的噩耗打擊，羅特在巴黎倒下只是早晚的事，因為不到一年後，德軍便進入巴黎，結束了自由的空氣。

在死前，一九三八年底，同樣流亡巴黎的畫家米斯・布隆斯瑪（Mies Blomsma）為羅特素描了一幅肖像畫，在那畫下，作家自己簽上了「這確實是我，邪惡、醉醺醺，可是聰敏。約瑟夫・羅特」（Das bin ich wirklich; böse, besoffen, aber gescheit. Joseph Roth）

邪惡的人愛傷心的歌

羅特這樣定義自己，一位總是醉酒的文人，面對著這個世界，也得保持一些邪惡。為什麼他自稱邪惡？同樣流亡巴黎的作家索瑪．摩根斯坦（Soma Morgenstern），也是羅特的加利西亞同鄉，兩人在維也納大學的哲學課上認識，從此保持一生友誼。甚至，兩人都是杜爾濃咖啡店樓上旅館的房客，也常常一起泡在咖啡店裡。因此，摩根斯坦陪伴著羅特的晚年，在羅特過世後寫下了《約瑟夫．羅特的流亡及終結》（*Joseph Roths Flucht und Ende*）。那本書中記錄了這麼一段往事：自覺無音樂細胞的羅特，有一次央求摩根斯坦為他唱家鄉的兩首歌曲，此後，兩人每次見面時，摩根斯坦總要再為他歌唱。那憂傷的猶太民歌總是讓他含淚。某次，摩根斯坦告訴他，一位猶太拉比說過這樣的話「邪惡的人愛傷心的歌」（Böse Menschen lieben traurige Lieder）。羅特高興地說，是的，我便是那其中一人。

真正邪惡之人，從不會自承邪惡。他哪裡是邪惡，只是因為愛聽憂傷的歌。他愛聽憂傷的歌曲，因為他來自一個令人傷感的國度。他是一個熱愛奧地利的人，曾經為了祖國上戰場，卻目睹祖國吞下敗戰，最終瓦解；也目睹了納粹興起，如何一步一步吞噬奧地利。一九三二年，他從柏林寫信給維也納的作家巴塔利亞（Otto Forst de Battaglia），說：「影響我最大的事件，就是戰爭，以及我的祖國之毀滅。我唯一曾經擁有過的東西，就是奧匈帝國。即使到今天，我都還是個愛國的奧地利人，那麼熱愛我的家鄉殘存下來的東西，如同熱愛一種歷史遺跡。」

一位愛國的奧地利人，怎麼能夠不傷感，怎麼能夠聽見憂傷的家鄉之歌時不落淚？《皇家墓穴》中，我記得最清楚的是這一句話：「奧地利不是國家，不是家鄉，不是民族。那是一種宗教。」（Österreich ist kein Staat, keine Heimat, keine Nation. Es ist eine Religion）羅特始終信仰著奧地利，即使祖國毀滅了，他仍然帶著這樣的信仰遠走他鄉。

那一年的我讀到這一頁，在這句話旁劃線，在空白處寫著：Und was ist Taiwan？（那麼，臺灣是什麼呢？）

直到今天，我仍沒有答案。

14〉問題與答案

問題比答案重要

讀《明星》(*Stern*)雜誌某一期，採訪了諾貝爾獎得主康德爾(Eric R. Kandel, 1929-)。

康德爾來自維也納的猶太家庭，當年在納粹收併奧地利之後，全家不得不移民新大陸。康德爾在美國，接上了維也納的佛洛伊德光榮傳統，也讀了醫學院，並且受了精神分析訓練。年輕時的他原來打算當心理醫生，但最後止不住探索知識的慾望，還是成為美國知名的大腦研究專家。

他談起對知識的熱愛，一九二九年生的他，雖然已經八十九歲，卻從來沒有停止過研究，因為只要得到新的知識，就能帶給他深邃無比的滿足(tiefe Zufriedenheit)。

他說，他沒什麼過人之處，唯一值得自豪的，就是能夠研究，以及維持好與太太的關係。這是他做得好的兩件事。

他說，如果不是太太丹妮絲，他不會有勇氣從事學術工作，也許只會在一家小診所裡擔任心理醫生。當年，同樣是學術人的丹妮絲對他說，放手去做吧，錢一點都不重要。

一位諾貝爾獎得主當然在研究能力上是傲人的，但他說，這一輩子唯二做得比別人好的事情，就是研究及與太太相處了。這是多麼平凡的浪漫表白。

不過，這個訪問更吸引我注意的，是記者問他，身為諾貝爾獎得主，人們可以跟他學習什麼樣的思考方式呢？他答道，像孩子一樣。

他說，當他還是小孩子時，每天從學校回來，父母從來不問他學到了什麼，而是只問這個問題：「你今天在學校裡，問了好問題嗎？」

「比起毫無疑義的答案，好問題更重要。」這是他從父母那裡學來的經驗。

康德的四個問題

提問，早就是哲學家最關心的事情，也最被人批評。哲學家似乎都愛在大家已經接受的答案中，找出不對勁的地方，不停地問：真的是這樣嗎？有沒有別的可能？現在的答案，是根據什麼條件得出來的？這（些）答案，在什麼條件下有效？對誰有效……

西方哲學的奠基之作，柏拉圖《理想國》對話錄的第一章，蘇格拉底與其他雅典人討論何謂正義時，他的對話對象便惱怒地說：「如果你真想知道什麼是正義的，那麼你不能只是問問題，在別人給你答案時用你的傲慢來反駁，因為你知道問問題，總比給答案還要來得容易。」

可是，問問題真的那麼容易嗎？我認為問了好問題，是最重要的一步，如果問錯了問題，我們怎麼能期待給出好答案？西方近代或許最重要的哲學家康德，就問了一個好問題，從而決定了他在思想史上的地位。近代以來，人類脫離了凡事交給上帝的時代，啟蒙之後，教會不再是權威，神學不再能提供知識的保證，人類所認知的世界，不再是聖經裡呈現的，思想史中出現了一個重要的問題：真實到底是什麼？可是康德說這個問題問錯了，我們應該去思考，人類究竟可不可能認識真實？我們的心智、理性、知性、意識等等的運作，在什麼條件之下，能夠說我們認識了真實？而哪些範圍是我們不可能認識的？

換句話說，康德提出了認識的合法性問題。也就是，純粹的認識能力（das reine Erkenntnisvermögen）可以及於何種程度？人類的知識（Kenntnis，或者說認識，Erkenntnis），可不可能認識一切？康德的答案是，有某一個範圍的知識是人類能力所不能及的，他稱之為「物自身」（Ding an sich）。以往的哲學（形上學）都在探索真實物是什麼，康德則認為那問錯了問題也給錯了答案。他劃出了界限，告訴我們，存在著真實（物自身），但那卻是不可企及的真實。

在這些關懷下，康德問了可能是四個哲學史上最有名的問題，這些問題到今天都還是當代人的關懷。這四個問題分別是：「我能夠知道什麼？」、「我應該做什麼？」、「我可以希望什麼？」、「人類是什麼？」

這些問題都是藉由劃下界限，以釐清答案的提問方式。我能知道什麼？背後預設著，我不能知道什麼；同理，對康德來說，我不該做什麼，我無法希望什麼，人類不是什麼，同樣存在於其提問的背後。他小心翼翼地作出「判斷」（Urteil，也是法律中判決的意思），在理性的法庭上提問，斷定人類的知識條件為何。不過，這並不是限縮了人類的能力，而是釐清理性的使用方式，並且為人類知識大廈建立一個穩定的地基。從此，人類認識的合法性來自其理性，而不是其他外在的權威。在這個意義上，我們可以說，康德在十八世紀時提出了極具革命性的政治學說。而這一切，都從提出一個不一樣的問題開始。

哲學史上知名的問題與答案

康德爾的父母教導他「比起毫無疑義的答案，好的問題更重要」，確實。在哲學史上，有不少知名的著作，都從回答一個既有的問題產生。聖經裡就有許多直指哲學關懷根源的問題，例如約伯受上帝試驗時所吶喊的：為什麼要讓人類受苦？在苦痛中，人類如何自處？而在德國文學上，也有一個知名的問題，歌德在《浮士德》裡提出的「葛麗卿的問題」（Gretchenfrage）：「說吧，你對宗教怎麼看？」（Nun sag, wie hast du's mit der Religion?）

康德也是一個知名的例子，他的名作《回答這個問題：何謂啟蒙？》（*Beantwortung der Frage: Was ist Aufklärung?*）問了一個知名的問題；在他的答案中所說的「啟蒙就是人類從他自己造成的不成熟狀態中走出來」，已經成為標示那個時代精神的經典答案。後來，法國哲學家傅柯（Michel Foucault, 1926-1984）也寫了一篇名作〈何謂啟蒙？〉（Qu'est-ce que les Lumières?），回應這個思想史中重要無比的經典問題，也回應康德於一七八四年提出的答案。

康德所喜愛的哲學前輩，法國思想家盧梭，其哲學聲望也是在回答一個問題中奠立的。沒受過什麼正式教育、幾乎全靠自學的盧梭，於一七四九年時偶然讀到了法國《水星》（*Mercure*）雜誌刊登的第戎學術院啟事，針對這個問題懸賞答案：「科學和藝術的復興是否有助於純化風俗？」盧梭寫下他的答案，獲得首獎，後來他的答案以《論科學與藝術》（*Discours sur les Sciences et les Arts*）為題出版，他主張人原來是自由而高貴的，而藝術及科學的發展造出了規範的社會，反而限制了人類自由，並腐化了風俗。這個答案引來無數學者及作家的筆戰，也使他一夕之間成為全歐知名的思想者。

一七五四年，盧梭再次投稿第戎學術院懸賞的問題：「什麼是人類不平等的起源？這種起源可以受自然法支持嗎？」他的立場一如之前，認為隨著社會的進化只會敗壞人類，這個答案並未受到評審們青睞，但是，後來還是以《論人類不平等的起源與基礎》（*Discours sur l'origine et les fondements de l'inégalité parmi les hommes*）為題出版，暢銷全歐。盧梭自承，他早知得不了獎，因為這樣的答案不受歡迎也容易引起誤解，例如收到贈書的伏爾泰便曾經致信盧梭，稱他想方設法要讓人類回到野蠻狀態，似乎人都得嚮往用四隻腳走路了。

哲學史上還有不少知名的問題與答案，例如海德格的哲學起點就是在重提「存有問題」（Seinsfrage），認為西方哲學史多年來都問錯了問題給錯了答案，糾結於本體論的、神學的思考，而未從存有者的世界、歷史去把握存有；而後來海德格支持納粹，犯下政治錯誤，我認為也是因為他急於為崩壞中的歐洲何去何從這個問題找了錯誤的答案，法國思想家德希達後來在《論精神：海德格與問題》（*Vom Geist: Heidegger und die Frage*）中，便對他的「問題」與政治行動之關係大做文章。

而有些問題是在某個特定的時代背景中提出，其答案也回答了時代所需要的行動方案，例如列寧知名的《該做什麼？》，出版於一九〇二年，倡議共產主義政黨對於打造無產階級的重要性，定調了蘇共的道路；而雅斯培的《論罪責問題》，也在戰後德國大學講堂裡試圖提出回答：對於那場浩劫，誰該負責？他的答案讓德國得以在道德的廢墟中站上重建的起點。

也許，哲學思考，說穿了，就是不斷地問問題，以及重新提出答案。

15 哲學家與政治

二〇〇六年時，我讀到一則有意思的新聞。原以為已經遺失的海德格某一個講課的手稿出現了，將與海涅、歌德、康德、愛因斯坦、貝多芬、馬勒等知名文人的手稿，一同在那年十一月二十一日的柏林拍賣。

我會特別注意這個新聞，是因為那時正在寫關於海德格的博士論文，才剛剛仔細讀過那堂課的講課紀錄。那是一九三四年夏季學期，剛剛卸下弗萊堡大學校長職務，在政治領域裡發現自己多麼無知的哲學教授海德格，登上了講台，舉行了每週兩小時的講課「邏輯學，作為探問語言本質的問題」（Logik als die Frage nach dem Wesen der Sprache）。

那門課原來預計的名稱是「國家與學術」（Der Staat und die Wissenschaft）。

後來的學生仍然記得當時的情景。政治上被懷疑不忠誠的哲學教授，就在不到一年的校長職務後，要講授這樣敏感的課題，氣氛十分詭異。台下坐著許多納粹衝鋒隊隊員，眼神銳利地看著教授，想知道教授對國家的看法、批評，甚至不滿。教授登台，開口道：「我將讀邏輯。」

許多衝鋒隊員失望地離開，許多留下來的再也沒出現第二次。

與海德格熟識、當時也在課堂上的神學家海因里希・布爾（Heinrich Buhr）這麼回憶，海德格自己決定那堂課名稱應該是「自然—歷史—國家」（Natur-Geschichte-Staat），第一堂課的聽眾裡許多衝鋒隊員穿著制服，上面寫著姓名官階，連走道都坐滿，大禮堂裡水洩不通，海德格必須吃力地穿過聽眾才能抵達講台。在台上，海德格說：「我將講邏輯學。邏輯，從邏格斯（Logos）而來……」接著，海德格便開始大談柏拉圖的洞穴寓言。第二個小時開始，人潮漸去，海德格終於能毫無困難地登台[1]。

「帶領領袖」的人

這次講課之所以廣受矚目，是因為海德格剛剛於四月遞出辭呈，在開課前請辭獲准。也因此，哲學家如何評論他剛剛退出的政治領域，便格外耐人尋思。這次講課，後來按照學生筆記被編為海德格全集第三十八卷。我認為是海德格政治思想中的必讀作品，從邏輯的本質討論到語言的本質，再討論到人的本質。接上了康德以來德國哲學始終念念不忘的核心問題：人是什麼？海德格說要回答這個問題，就必須問「我是什麼」。從「人」到「我」，到「我們」、「你們」，然後我們終於可以問出「我們是誰？」

我們是誰？在決斷中，我們成為民族。然而民族又是什麼？海德格反駁了所有血統式的定義、疆界式的定義，認為只有決斷才使一個民族成為民族，國家與歷史（性）的本源就在這決斷力中。他將這些元素鏈結在一起，打造出從基礎存有論過度到存有之歷史中出現的國家民族論：「邏輯、邏格斯、語言、人類、我們是誰？民族、決斷行動、決斷性、什麼是歷史？」而其中以「我們是誰？」為核心問題，緊緊扣住了語言、邏輯、歷史、存有等環節。

海德格追問「我們是誰？」是再德意志不過的問題。從神聖羅馬帝國時代以來，德意志人始終處於曖昧的身分中，到底「我們」如何被定義？對羅馬人來說，那些「我們」，只是「他們」，是文明教化世界以外的日耳曼族，可是如果我們去萊茵河沿岸，那往昔劃開羅馬帝國與日耳曼人的疆界之河，就會從先人留下的遺物發現，兩者的界線從來不是那麼清楚，日耳曼人甚至向羅馬人學會種植葡萄與釀酒技術。在德文中，也存在著大量的拉丁語彙。到了

1　Heinrich Buhr, Der weltliche Theolog. In: Günther Neske (Hrsg.): Erinnerung an Martin Heidegger. Neske, Pfullingen 1977, 55.

羅馬帝國後期，由日耳曼人出任皇帝時，德意志民族更必須自問：究竟我們是誰？而近代，當英國、法國都已形成完整統一的國家，身分認同問題並無疑問時，德國人還必須苦苦尋求對於自己國家民族的定義，這種焦慮，充分顯現在海德格的提問裡。

那堂課是哲學家從政治返回學術的時刻。在歷史上一直有學者踏足政治，在現世試圖實踐其理想與理論，但卻又失敗而返回學術世界的，其中最知名的便是柏拉圖，曾經三赴西西里島的敘拉古，欲輔佐暴君推行其哲學理念失敗，便返回雅典建立雅典學園。海德格投入希特勒麾下，正可說是現代版的柏拉圖，另一位想「帶領領袖」（den Führer führen），最終仍失敗的哲人。

戰後，海德格的一個學生，哲學家馬庫色（Herbert Marcuse）這麼評論海德格的政治失敗：「（在戰後）我曾經多次與他談起，他也承認，他誤判了希特勒及納粹，這是一次『錯誤』（Irrtum）。對此，我想說：首先，這是一個哲學家承擔不起的錯誤。他能夠、也可以犯下許多錯，但這並不僅僅是一個錯誤而已，這是對哲學本身的背叛。」[2]

不管最後是不是背叛了哲學，哲學家從政，也許已是一個重要的傳統，雖然，多以不成功收場。或者，即使不能直接從政，哲學家多希望以其智識的力量影響執政者，以見到世俗的土地上落實其理想。因為哲學家多對於何謂良好國家、何謂政治、什麼才是社會的公益等政治哲學中的核心議題，有一套獨到見解。蘇格拉底一心探索的是真理與正義，是普遍有效的東西，然而他的弟子柏拉圖積極地介入敘拉古（Siracusa）的政治；中國儒家思想也強調經世，孔子即擔任魯國的司空之官職；大文豪歌德曾赴威瑪任政府顧問；馬基維利曾任佛羅倫斯共和國高層官員及外交官；而法哲學家卡爾·施密特（Carl Schmitt, 1888-1985），更是毫無顧忌地投入了納粹的懷抱。

不過，哲學家介入政治之事，有時候不是為了支持什麼，而是要改變現有的秩序，實踐一種他們頭腦裡更正義的政治。前面提到這位納粹的法哲學家施密特，他有一位友人，即是一個與他不同的哲學家，差點改寫了德國歷史。

向威廉·阿爾曼致敬

這位友人名叫威廉·阿爾曼（Wilhelm Ahlmann），出身於德國基爾的銀行豪門，祖父是當地政客、並創立私人銀行，也叫做威廉（Wilhelm Hans Ahlmann），赫赫有名，在柏林大學讀國家法學及經濟學時，修了許多世界知名教授的課，例如大史學家蘭克（Leopold von

2　Brunkhorst, Hauke und Koch, Getrud, Marcusr zur Einführung, Hamburg 1987, S. 31.

威廉・阿爾曼的祖父[3]

Ranke, 1795-1886）、以及接替黑格爾過世留下教職的謝林，後來到杜賓根大學取得經濟學博士學位，並在基爾大學取得教授資格後開始從政，任當地議員。在書香世家中成長的阿爾曼，也走上一條德國傳統知識菁英的路。

他是愛國主義者，一戰時志願參戰，當時甚至未滿二十歲。後來在戰場上受了重傷，視力嚴重受損，幾乎看不見，一九一六年被迫退役，回到柏林開始當學生。在重殘情況下，他選擇了法學，靠著請專人協助誦讀文獻閱讀資料，失去視力的他竟於一九一八年獲得法學博士學位。然而，其實他真正的興趣在哲學，因為出生於富貴之家，基本上他不需要為了生計擔憂，可以隨意追求自己在知識上的興趣。因此，他回到家鄉基爾，在基爾大學再讀一個哲學博士學位，博士正是研究有關盲人的心理。在基爾，他成為哲學家漢斯・弗萊爾（Hans Freyer）的弟子及朋友，如施密特一樣，這是一位相當親近納粹的教授。阿爾曼、弗萊爾、施密特之間有一個共通點：都不信任威瑪共和的民主議會制度。

一九三三年希特勒上台後，阿爾曼進入教育學術部任職。在那個年代，許多關切德國未來何去何從、不滿威瑪共和的知識人，都對國家社會主義懷著不實的幻想，包含前面提到的海德格。然而，阿爾曼很快察覺到，這不是他願意為之奉獻的政權。一年不到的時間，他離開了教育學術部。此後他成為無業者，所幸家道殷實，生活無憂，且時常在家接待當時的知識分子。

一九三八年開始，他與越來越多對希特勒不滿的運動者來往密切。這些人認為希特勒不能代表德國，他們相信的是一個文化的、教養的、體現人類美德與知識的德國。在阿爾曼自宅的訪客間，就有那知名的德國軍官史陶芬堡。一九四四年七月二十日，史陶芬堡與納粹政府中許多軍官、公務員、法官、外交官等同志一起發動了「女武神行動」（**Operation Walküre**），擬以暗殺希特勒為手段結束第三帝國，以避免德國因為希特勒持續堅持參戰而被徹底毀滅——史陶芬堡說，是時候不計一切代價結束「這無意義的人類之犧牲」。

然而「這無意義的人類之犧牲」終究未被終結，這起暗殺行動失敗了，納粹政府大規模捕殺起義者，阿爾曼也在名單之列。在即將被捕前，阿爾曼自殺，以避免落網後被刑求供出

3 https://de.wikipedia.org/wiki/Datei:Wilhelm_Ahlmann.jpg

暗殺希特勒失敗後的現場[4] This image was provided to Wikimedia Commons by the German Federal Archive (Deutsches Bundesarchiv) as part of a cooperation project.

其他起義者名單。

這一位歷史上籍籍無名的哲學家，身後以間接的方式被記住。施密特於戰後出版的《從被虜中得救：一九四五—一九四七年間的經驗》（*Ex Captivate Salus. Erfahrungen der Zeit 1945/47*）、《語匯：一九四七—一九五一年筆記》（*Glossarium: Aufzeichnungen der Jahre 1947-1951*），均向阿爾曼致意。另外，一九五〇年，在一本阿爾曼的友人們編輯的向他致敬的文集裡，施密特寫了一篇〈空間與羅馬〉（Raum und Rom），指出阿爾曼曾經在一次與他的談話中，向他指出海洋（Meer）這個字與空間（Raum）在語音學上的對比，刺激他思考空間的原始意義。

一位思想上站在納粹意識型態一邊的法哲學家，與一位參與抵抗暴政的哲學家，他們是一生的朋友，卻對國家有著不同的理解，對於執政者採取了不同的態度。

海德格當年開設的課程「國家與學術」，始終是哲學家們的關懷，雖然每個人都對國家與學術的關係有著不同的解讀。

4 https://commons.wikimedia.org/wiki/File:Buncesarchiv_Bild_146-1972-025-10,_Hitler-Attentat,_20._Juli_1944.jpg

16 〉為什麼我們留在鄉間？為什麼不？

海德格的黑森林小木屋

一九三〇年，在柏林的文化部長格里姆（Adolf Grimme）寫信到弗萊堡給海德格，信中表示，雖然海德格拒絕了他，但是他仍然不死心，希望海德格能再考慮接下柏林大學的哲學教席召喚。格里姆跟海德格一樣都曾經受教於弗萊堡大學的大哲學家胡塞爾，他清楚知道這位胡塞爾的助理的學術能力，當時《存有與時間》剛剛出版兩年，那是一本挑戰之前哲學思想方式的書，把人的存在狀況推到最根本的境地，那種新的談論哲學的方式——哲學不只是一種理解世界、邏輯與知識的學科，還是有關人類存在的最直接的生存方式——吸引了所有年輕的哲學學生（也包括二十幾歲時候的我），格里姆知道首都柏林需要這樣一位被稱為哲學界祕密君王的思想者。他能吸引全德國渴望一場人文學科革命的學子們集聚到柏林大學去。但是海德格拒絕了。

幾十年後哲學家哈伯瑪斯說起這本書時，稱那是自從黑格爾的《精神現象學》出版後，德國哲學界最重要的大事。即使哈伯瑪斯一生沒有變過批判海德格的立場，但是他也自承學生時代他是《存有與時間》的著迷讀者。而他這個將海德格與黑格爾放在一起的評價，從另一個角度來看有特別的意味：黑格爾與海德格一樣都是來自德國西南、說著特殊的方言（一個是施瓦本地區人，一個是阿雷曼地區人），都讀過神學院，後來轉向哲學，都是百科全書式的閱讀者與教學者；另外，兩個人的哲學道路雖然不同，一個唯心論、另一個存有論，關懷重點非常不同，但是在兩人的哲學裡都有一個最核心的東西，是他們一生與之周旋的概念：黑格爾的「精神」（Geist），與海德格的「存有」（Sein）。

可是兩人又有那麼大的差異，這個差異使得海德格沒有跟隨黑格爾的腳步，到首都成為首席的哲學家。他對柏林說不的原因，那個他與黑格爾的差異，是生存方式的不同——他是個鄉下人。

一九三三年，海德格寫下了〈創造性的地景：為什麼我們留在鄉間？〉（Schöpferische Landschaft: Warum bleiben wir in der Provinz?）這篇文章，解釋為什麼他拒絕了柏林大學的召喚。他說起在黑森林田野間遇到的鄰家農人，那單純的農人是知道「簡單堅實的存在處境」

者（das »einfache, harte Dasein« kennen）。海德格這麼寫著：「我走到老友身旁，他是一位七十五歲的農夫。他在報紙上讀到了柏林對我的召喚。他會說什麼？……他會搖頭，意思是說：說不，絕不要讓步！（unerbittlich Nein!）」

不要對什麼讓步？一種失根的（bodenlos）生活。海德格對立出兩種生存方式：農家生活／都市生活（das bäuerliche/städtische Leben），這兩種生活中的人都可能感受到自己的獨自存在，但是鄉間生活者處於「孤獨」（Einsamkeit），城市生活者處於「單獨」（Alleinsein），這兩種概念差異在於，「單獨」是一種「獨自一人、未與他人同在」（allein）的物理狀態，而「孤獨」更是一種心理狀態，清楚意識到自身的孤單。他這麼寫著：「在大城市裡，雖然人可以輕易地獨自一人存在，就如同他不管在哪裡都可以這樣單獨一人。可是，孤獨才有最源初本己的力量，孤獨不是使我們個別單一化，而是把整個在此存有（Dasein）拋擲到一切物的本質的遠方之近旁。」

這種思路是：大城市裡的孤獨不是真正的孤獨，因為那是一種太過輕易、任何地方都沒什麼兩樣的獨身，處在大城市中的人未能深思自己與自然的連結；而在鄉下的存在方式，那種Einsamkeit，是知道自己的意義與力量的，知道自己與世界、大地的關係，以一種安心沉穩的狀態存在著。Alleinsein，則更像是不知如何處理其獨處，被迫成為獨自一人。Einsamkeit是

海德格的小木屋[1]　　攝影Muesse

主動選擇的狀態，而**Alleinsein**則是被動的、無可無不可的。一個是存在，一個只是活著而已。

海德格用很詩意的方式描述孤獨，**einsam**本來在德語中是帶著負面感受的形容詞，如同中文說孤單時的寂寞感，但是海德格說，真正的孤獨並不會使你陷在負面的情緒中，因為你知道自己存在於某種創造性的存有中——這就是「創造性的地景」之意。對於這種孤獨的需求，讓海德格拒絕了柏林，因為他說，森林的小木屋才是他的「勞動的世界」（Arbeitswelt）。

海德格說，尤其在冬夜，當風雪襲來，小木屋被覆蓋在大雪中時，那才正是「哲學的尖峰時間」（die hohe Zeit der Philosophie），那是

1　https://commons.wikimedia.org/wiki/File:Heideggerrundweg0009.JPG

海德格創作能量最強的時刻，「我努力地鑄造語言，如同冷杉挺立對抗風雪」（Die Mühe der sprachlichen Prägung ist wie der Widerstand der ragenden Tannen gegen den Sturm.）。

對孤獨之愛

關於德國人的鄉間與孤獨，我想從另外一位局外人的角度來談。

法國作家傑曼・斯戴爾（Germaine de Staël, 1766-1817），在她一八一三年的名作《論德國》（*De l'Allemagne*）裡比較了法國與德國文化。斯戴爾有非常傳奇的一生，她出生於一七六六年，嫁給瑞士駐法大使，出入上流社會，曾經在巴黎主持沙龍，經歷法國大革命，後來被拿破崙趕出巴黎，她便在一八〇三年跑到德語國家去，她雖然不會德語，但是當時一樣被拿破崙趕下權力舞台的政治思想家康士坦（Benjamin Constant）陪著她去德國。康士坦以法國的自由主義者著稱，曾經留學德國，所以通德文。在他的陪伴下，斯戴爾去見了當時德國最好的學者們如歌德、席勒、洪堡，得以深入了解德文世界，最後寫成《論德國》，當時在法語區的歐洲影響甚大，讓法語區的人對德意志習俗、文學、宗教、藝術與道德了解更深，可說是法語區最早開始介紹威瑪古典作品、康德、黑格爾、費希特等思想的人。

這本書對德國有褒有貶，讚揚德國的地方就在德國人的精神高度，以及德國大學城對學

斯戴爾[2]

術的保存維護舉世無雙。斯戴爾非常驚訝，許多學術發展與文藝的盛況都是在德國鄉間催生出來的，例如那些典型美麗的大學城柯尼斯堡、哥廷根、耶拿、杜賓根、弗萊堡、馬堡等，而尤其是威瑪，更是德國文化之心臟。

對哲學及文化的熱愛，在德國與對自然的熱愛（Liebe zur Natur）結合在一起，而斯戴爾更是觀察到德國民族性中的「對孤獨之愛」（Liebe zur Einsamkeit）。不像法國多數文人都聚居在巴黎，每天在無數的沙龍聚會、咖啡店中閒聊，發展各種文學及哲學試驗，「德國的大多數作家，都在孤獨中工作」（**Der große Theil der Schriftsteller arbeitet in der**

2 https://pt.wikipedia.org/wiki/Germaine_de_Sta%C3%ABl#/media/File:Marie_El%C3%A9onore_Godefroid_-_Portrait_of_Mme_de_Sta%C3%ABl.jpg

Einsamkeit），Einsamkeit這個概念，始終與德國的思想創造結合在一起。作家們並不是要獨自一人（allein）而已，還投身於孤獨中，斗室孤燈下靜心閱讀寫作才是德國作家的工作模式，難怪斯戴爾如此評論：「在法國我們研究的是人，在德國他們研究的是書。」

從這位法國作家的觀察來看，海德格不正是以她見到的那種姿態生存著嗎？在對自然之愛、對孤獨之愛中，獨自在黑森林中的小木屋閱讀柏拉圖，他對真正的他人與自己的連結不感興趣，相信孤獨才有最源初本己的力量，強調大地對存有者的重要意義，在批判當代人淪陷在無思想之迷途時，總是愛用「無根基」（bodenlos）這種詞彙。他的世界是「沉思」的世界，而巴黎與柏林，那些大都會裡雖然也有哲學發生，但那是人與人「對話」的世界，海德格要的不是對話，是如同冷杉抵抗著巨大的風暴，他以哲學及語言穿透入西方幾千年的思想歷史，而且孤獨一人。

德布林的亞歷山大廣場

海德格在托特瑙山上小木屋的風雪中閱讀寫作時，德國正在巨大變化中。一九二〇年代是威瑪共和時代，德國正在在高速都會化，許多人放棄了鄉間生活，聚集到大都會去。柏林在一九二〇年時候的人口已達三八八萬，到了一九三〇年增加到四三三萬。即使接近一百年後的今天，看當時的柏林都是不可思議的大都會（與柏林相比，一九二〇年的巴黎只有二九〇萬人，一九三〇年有二八九萬人）。於是，都市，這種完全不同於鄉間的生存方式、以及觀看世界的方式，成為重要的思考、研究與書寫對象。

當時，一本德語文學史上重要的小說出版了，一位醫生德布林（Alfred Döblin, 1878-1957），在海德格於鄉間寫作《存有與時間》時，在首都寫了一本描述犯罪者的小說《柏林亞歷山大廣場》（*Berlin Alexanderplatz*）。一九二七年，他開始寫這部小說，兩年後出版，立刻成為暢銷書，直到一九三三年為止，已經再版五十次。一九三一年首次被拍成電影，《時代週報》也選為百大小說之一。

小說的主角是一位都市裡的邊緣人弗朗茲・畢貝寇夫（Franz Biberkopf），如同當時大多數住在都市裡的人，他想要融入柏林，卻無能為力，不得不背負流浪失根的宿命，那是當代人的宿命。故事一開始就交代背景：畢貝寇夫從柏林特格爾監獄中被放出來，他之前毫無意義（sinnlos）的生命把他送到了監獄去。而現在他困難重重地想要安份守己。這句開場就出現的「毫無意義的生命」極為重要，接下來整部小說描述的，正是他想在柏林重建意義，這座城市卻最終仍剝奪了他的一切意義。

這個背景交代完後的第一句正文就是：「四十一歲來到城市」（Mit der 41 in die Stadt）。

簡單的一句短語，不管讀幾次都有一股強烈的悲涼感。第一章描寫，這個在爭吵中打死自己女友的搬運工人，在多年監牢生涯後，離開監獄試著在都市裡找到自己的棲居處。當他推開監獄大門時，身後一位猶太人見他猶豫不定，說了：「現在離開啊，還會發生什麼呢？不會有什麼糟糕的事情啦，你不會沉淪的，柏林那麼大，上千人住的地方也會再容得下一人。」

德布林[3]

沉淪，**verkommen**，意思是腐化、變質，語意上描述來到（kommen）更糟的地方。這本小說要描述的就是：監獄外的世界，也許是更糟的世界，畢貝寇夫不斷想要過正常的生活，可是卻一次一次失敗。在這部小說裡，所有跟主角有關的好人，所有可能使他不再沉淪的人，都沒有好下場，最後主角只能加入犯罪組織，在這個巨大的都會裡不斷沉淪。各種犯罪交替出現在小說中：販毒、盜竊、賣淫、謀殺、性侵……

小說的最後附了德布林自己寫的後記，他說他被邀請到無數的閱讀會去談自己的創作，而他的創作最核心的概念是：「這是個兩個神祇並存的世界，這是建設的、同時也是崩壞的世界。時間上，會隨著出現這兩個世界的爭執，而我們都參與了這場爭執。……秩序與解消並存。」他說，《柏林亞歷山大廣場》就是在描述這種爭執，弗朗茲是一個本質上想當個好人的平凡人，他在這個世界求取秩序，可是這個世界卻把他逼向失序，逼向罪惡。

這個城市的力量，強制人類進入失序狀態裡。城市不斷解消著什麼，這種破壞力量使得所有憂心傳統瓦解的人警惕地觀察並抗拒著城市。

城市與鄉間

這種城市的無情、罪惡、失序、墮落，與鄉間的完整、生命力、秩序、和諧對立起來，成為德國思想史上兩種典型。一個是世界性的都會，一個是地方的土地。而這也不只在文學或哲學上出現，在政治上也有其意義。都會是共和國的，是柏林與巴黎，是大革命後的世界，是兼容並蓄，是空間而非血緣；而鄉間，不是基於共和原則設立的國家觀，還是老時代的帝國，那同一種語言與血緣的德意志帝國。都會是社會（Gesellschaft），人與人的共處不基

3　https://de.wikipedia.org/wiki/Datei:Doeblin_alfred2.png

於直接連結；鄉間是共同體（Gemeinschaft），人際間被直接的親緣友誼結合在一起，他們知道他們踩在同一塊土地。

德國思想史中有一種說法：一七八九精神與一九一四精神。這兩種精神是相對立的，前者指的就是法國大革命的自由、平等、博愛的共和國精神，對海德格還有很多保守主義論者來說，那是一種外來的思潮，一種不屬於德國傳統的自由主義；而後者，是為了捍衛祖國而上戰場的戰鬥共同體（Kampfgemeinschaft），是信念的結合，是鮮血串連起來的兄弟姐妹，那不是空泛的自由主義產物，那是一種傳統的堅持，透過戰鬥、對抗外族，來建立起一種文化共同體。當時很多猶太人也上戰場為德國打仗，所以後來一九三三年納粹上台後，雖然反猶主義主導了德國的意識形態，但是很多曾經上過戰場的猶太人，還是相信他是這個共同體的成員。例如那部描述單純的年輕人們如何陷入國家社會主義威權體制的影集《我們的母輩父輩們》（Unsere Mütter, unsere Väter），其中一位主角是猶太人，他的父親原來一直相信他不會是遭受納粹迫害的對象，因為他為德國戰鬥流血過，但是後來歷史證明了，一九一四的共同體在一九三三年瓦解了。而什麼是一九三三精神呢？強調民族共同體、大地、家鄉，所以我們可以知道了，留在鄉下的海德格很容易與這種一九三三精神一拍即合。

所以，在這樣的脈絡下，就可以理解為什麼海德格以及一些立場相近的學者、文人會被歸類為「保守的革命」（konservative Revolution）陣營，例如雲格（Ernst Jünger, 1895-1998）、施密特等。這個聽來矛盾的詞，是描寫這些憂慮傳統價值消失於當代的知識人，希望透過某種革命——不管是知識的、政治的或文化的——去重建傳統與秩序。而且，這些人通常傾向必須訴諸一種強大的決斷力量，而不是透過民主論述，也因此當國家社會主義這樣的意識形態出現時，很多知識人一開始無法洞察其法西斯主義本質，而寧願相信透過與這樣的強大政治力量合作，可以克服自由主義與民主的弊病，發動一場凝聚共同體價值的思想革命。勞徐寧（Hermann Rauschning, 1887-1982），原擔任但澤自由市的首長，曾在一九三三年加入納粹但是很快地發現納粹不對勁，後來與納粹分道揚鑣後流亡美國，在一九四一年出版一本《保守的革命：與希特勒的合作與分裂》（*Die Konservative Revolution : Versuch und Bruch mit Hitler*），就把保守革命放在「反對威瑪」的背景下敘述其脈絡，威瑪代表的是一種承襲自法國大革命的民主立場，那並非德國傳統，而是一種「外來的作物」（das fremde Korn）。

在大約十九世紀末的歐洲，興起了一股運動浪潮，一直延伸到二十世紀納粹興起時：「保護家鄉運動」（Heimatschutzbewegung），這股運動是在工業化時代下興起的對於傳統家園的渴望，對於鄉間生活有非常浪漫的想像。盧梭的「高貴野蠻人」之說，也影響了這個運動。而到了納粹時代，這個保護家鄉的運動更與「血與大地」（Blut und Boden）的意識形態結合在一起，例如一九三三年，納粹通過的《帝國世襲農場法》（*Reichserbhofgesetz*），其前言宗旨中這麼寫著：「農場的主人是農夫。農夫的資格只能是德意志公民，是擁有德意志血源或同族的血源的人。」鄉間的真實生活結合了種族主義，德意志血與鄉間融合在這部法律裡。

接著在一九三五年，第三帝國通過一部《帝國保護自然法》（*Reichsnaturschutzgesetz*），以對抗威瑪共和時代忽視自然、重視都會化的發展，其用意是在大自然已經巨變的當代，把田野、森林、自然交還給德意志人民。

保守革命路數，就在這種思想潮流中壯大起來。雖然部分被歸於這個陣營的思想者並沒有（生物性的）種族主義論述，但是他們都重視德國鄉間的美好、第一線的情感連結，哀悼逐漸失去的自然與在土壤上培育出的美好傳統。在他們的論述裡，不斷地出現「家園」、「大地」。因此當我們歌頌鄉間的田園美好，必須要心存警惕，這樣所謂真正能夠探索人存在本質的自然，是一種排他性的共同體建立機制嗎？當我們批判城市時，我們想要的是一種回到真實的原初生活，可是這種真實，是不是想排斥那些被視為虛假的、但卻也是他人真實生命一部分的事物？你說要回到自然，但是不是有些人不被允許回到「你的」自然？

放到當代來思考，我們當然也嚮往美好的田園、真實的生命，對於腳下踩的不是泥土而是水泥總是感到侷促不安。可是三〇年代升高到民族共同體意識形態的那種「失根的都市」

之批判，不能不讓人警醒血源與大地之間的關係有其政治後果。我們不能不提問：誰在宣稱他是大地之主人？誰是本地誰又是外來者？全球戰亂導致人口被迫遷徙的這些年來，更不能不問難民問題。誰能居住在德意志大地？以什麼資格？誰在排擠那些外來者？

都會猶太人的刻板印象

再舉一個例子，談反猶主義如何與都會的想像結合。德國知名導演法斯賓達（Rainer Fassbinder, 1945-1982），於七〇年代時製作了一部戲劇《垃圾，城市與死亡》（*Der Müll, die Stadt und der Tod*），在法蘭克福引起極大的暴動。

這部戲後來拍成電影，是根據作家茨維倫茲（Gerhard Zwerenz）的小說《世界與月球一樣不適人居》（*Die Erde ist unbewohnbar wie der Mond*）改編，這部小說批判當代西方民主工業國家的生活方式。而法斯賓德更將這樣的生活方式與猶太人連接上。《垃圾，城市與死亡》講述一個生活在都會中的妓女，如何被欺凌壓榨。她的柔弱個性其實不適合從事阻街賣淫，而只能在悲慘的生活中浮沉。戲中的反派是一個從事房地產業的猶太富商，與警方官商勾結賺取暴利。他付給女主角高額報酬，不是為了性，而是為了復仇，女主角成為他報復他人的工具，最後亦慘被猶太富商殺害。

法斯賓達[4]　攝影Gorup de Besanez

這個故事其實非常明顯地暗示七〇年代的法蘭克福，那個年代在市區爆發了「佔領空屋」運動，以抗議地產商無視人民居住權利。問題在於那個反派完全符合德國人對猶太人的印象：唯利是圖、在城市裡累計土地房產這種資本生產工具，戲中有一段對白挑動了德國猶太問題的敏感神經：「我買下這座城市的老房子，拆掉它們，再蓋新的。蓋好的新屋我賣得好價錢。這座城市會保護我，它不得不。而且，我是個猶太人。」

法斯賓德寫出了一個對猶太人的刻板印象：我是猶太人，德國因為其歷史罪責，不能不保護我，即使我是壓榨人民的資本家。另外，他也質疑在政府與猶太富商之間的共謀關係。這些透過藝術手法呈現的陰謀論，在法蘭克福丟下了炸彈。首映當天，無數猶太人群聚到法蘭克福劇場，示威抗議。最後這場戲劇被停映，另外在歐洲其他地方演出時也同樣發生抵制與抗議。

這種連接「都市—猶太」兩個概念可能帶來的危險，法蘭克福的哲學家阿多諾，早於一九六四年在《本真性的行話》（*Jargon der Eigentlichkeit*）中已經點出。他批判海德格這樣的哲學家賣弄著聯結於大地的「本真性」這種哲學行話，以回應威瑪時代的都市之庸俗與煩擾。阿多諾說：「對於沉默（**Schweigsamkeit**）的讚許，哲學家不只對其農夫這樣讚許，也以這樣的姿態出現，感受到德國小市民庸俗的死氣沉沉令人窒息的樣子，那也導向了鮮血與大地的意識形態。」

他點出了一個刻板印象：都市—猶太—小市民—庸俗—死氣沉沉；而相對面當然是：鄉間—鮮血—大地—本真—生氣盎然。我不能不想，後來法蘭克福學派那麼深入發展溝通的概念，其實從另一個角度來看，不正是要對抗那對沉默的讚許？倘若不溝通，他者無法進入我的思域／視域，我需要的只是以自我之決斷，來開展我的世界。

4 https://commons.wikimedia.org/wiki/File:Rainer_Werner_Fassbinder_1980.jpg

以一個小故事來補充這個溝通與沉默的差異。當年戰爭剛剛結束時，法軍必須評估去納粹化問題，海德格的納粹經歷也被納入議程，當時法國請雅斯培撰寫報告評估海德格，這位哲學家如此評估他的哲學家同事：海德格的思想方式是「非自由的、獨裁的、不溝通的」（unfrei, diktatorisch, communicationslos）。海德格的沉默——不管是在戰前對都市喧雜躁動的批判以及對鄉間的崇高化，或戰後對罪責問題的不發一語——對他來說是決斷，但是在他人看來，是獨裁。

在城市裡流浪

倘若我們從「鄉間」看到了獨裁，也許必須從都市尋找解藥。有無源自德國的「城市」思想？一位出生在柏林的哲學家描述的城市人文風景，值得再細讀。

班雅明，出生於一八九二年的柏林，與三年前出生於黑森林的海德格相比，他一直是個迷戀城市的人。他對柏林以及巴黎的描寫很帶感情，也生動有趣，可是最重要的還在於他提出了一種生活在城市中，卻又不那麼成為城市之俘虜的人類典型：浪遊者（Flaneur）（德文是Stadtwandler，都會的漫遊者）。

在《新天使》（*Angelus Novus*）文集中，收錄了班雅明評論作家黑瑟爾（Franz Hessel）《漫步於柏林》（*Spazieren in Berlin*）的短文〈浪遊者的再臨〉（Die Wiederkehr des Flaneurs）。他盛讚黑瑟爾的柏林書寫，作家再敘述了這個兒時成長的城市向他敘述的事，作家是城市的回音，「他所行走的柏油路上，其足音激起驚人的迴響。那照落在石板路上的煤氣燈光，在那雙重的地板上投射了雙重意義的光芒。城市，作為孤獨的漫步者的記憶術的臨時方案，所喚起的東西，比童年與青春更多，比他自身的歷史更多。」

班雅明看到行走在城市裡的人，藉由城市光景喚起昔日記憶，可是喚出的時光、激起的迴音比自身的歷史更多，那是什麼東西？「城市所開啟的，是不可預見的浪遊之展演（das unabsehbare Schauspiel der Flanerie），那些我們原本相信已經完全擺脫的東西。」

黑瑟爾是一位城市的熱愛者：「將你們對於大地景觀的愛，分一點點給城市吧。」「我們柏林人，必須更多地居住在我們這座城市裡。」他呼籲我們把目光從田園風光轉向都會，那漫遊者之家鄉。班雅明認為，黑瑟爾的城市浪遊是一種體驗（Erlebnis）而非經驗（Erfahrung），前者是經歷各種獨一無二的令人瞠目結舌的時光（das Einmalige und die Sensation），而後者是毫無變化的（das Immergleiche）。

這個概念是借用自波特萊爾的巴黎書寫，班雅明在一九二〇年代末——海德格寫他的《存有與時間》時——觀察到了城市裡的新興人類：大量之人（Mann der Menge），當代社會

班雅明[5]

於是轉化了原來的悠閒人類，使我們進入大量、急促的生活中，十九世紀時那種城市的漫遊者逐漸成為繁忙者。誰毫無目的地在都會裡閒晃、隨意看看，誰以緩慢而任性的方式生活，都將被社會視為可疑者（Verdächtigen）。

對海德格來說，農人是真正直接生產的人，可是班雅明的目光不在鄉間，而在城市那些不事生產者。消費、購物、無目的的閒晃以及逗留，班雅明浪漫地想像這些與「生產」完全相反的生活方式，他甚至說：「浪遊者是市場的觀察者，他的知識近於景氣的祕密學問。他是被送入消費王國的資本家的偵查者。」當然，我們可以批評這樣的思想過於浪漫，或者甚至帶點紈褲味道，畢竟，沒有生產，哪裡來的消費能力？可是從另一方面想，他的觀察提醒了生活在只知累積資本的匆忙當代社會裡，除了賺錢，除了忙碌，我們必須取回為了賺錢而失去的自由，「浪遊者的再臨」，那毫無目的的悠閒、完全逃逸於資本累積邏輯以外的自由；賺錢是必要，花錢（或者說，並非為了賺更多錢目的的花錢），也是必要。

我想起班雅明寫過的小文章〈我開箱我的圖書館：關於蒐藏的談話〉（Ich packe meine Bibliothek aus: eine Rede über das Sammeln），他有接近瘋狂的藏書癖，在他顛沛流離、從無正職的短暫人生裡，購買了大量的書籍。面對「藏書者都不讀書」的批評時，他引用了另一個藏書者，法國作家法蘭斯（Anatole France）的話來回答。別人參觀法蘭斯的私人藏書時，驚訝藏書之多，問他：「法蘭斯先生，這些您全部讀過嗎？」他回答：「十分之一都不到，或者您會每天拿出您的塞弗爾（Sèvres）瓷器用餐嗎？」這就是班雅明的抵抗「有用」、「生產」邏輯的姿態：我消費，我的任性，是我的自由，即使那是無用的消費、不理性的決定。

再進一步比較這種不符合當代工作倫理的漫遊者與鄉間農人。他們的共通點在於悠閒，可是，鄉間農人的特點是，他對話的對象是自己、是自然，而非他人；在城市裡，當我們匆

5 https://de.wikipedia.org/wiki/Datei:Walter_Benjamin_(1892%E2%80%931940)_1929_%C2%A9_Charlotte_Joel.jpg

匆來去時，其實我們也不與他人對話；無數人迎面向我走來，與我錯身而過，我只是視而不見——每日經歷無數變化的匆忙者，其實不曾經歷真正的體驗，而只有重複的事物不斷發生的經驗。

真正溝通、交流的可能，必須發生在佇足於同一空間時。那不只是空間上的空間，還必須是時間上的空間，意思是，我與他人必須同時存在，不只是空間的物理關係，還必須是共同存有的關係。我不能在那個空間中對他人視而不見，我必須看見他人，也必須被看見。

例如，班雅明描述在商場大道（Corso）上的邂逅，浪遊者在此佇足觀看（sehen），以及被觀看（gesehen werden）。在巴黎這個「十九世紀的首都」，無數的商場百貨是消費的聖殿（Konsumtempeln），為浪遊者架出了展演的舞台，每一個十九世紀的大眾都是漫遊於櫥窗、拱廊通道的消費者、演出者、觀眾。

也許有人會懷疑，將班雅明這個納粹暴行的犧牲者與海德格這個納粹的共犯放在一起比較，是適當的嗎？學者范雷震（Willem van Reijen）的《黑森林與巴黎》（*Der Schwarzwald und Paris*）一書是我讀過做得最好的比較，他也問，我們有什麼權利去比較這兩個在意識形態上完全兩端的哲學家？一個加害者能夠被拿來與一個受害者相提並論並且探問其思想的相近嗎？他的答案是肯定的，因為海德格與班雅明之間有太多思想上的類似：泰然處之與等待（Gelassenhait / Warten）、拯救與救贖（Rettung / Erlösung）、最後的上帝與彌賽亞（letzter Gott / Messias），而兩人哲學中共有的重心包括：語言（Sprache）、科技（Technik）、歷史（Geschichte）。他們兩人一生的主題都是「對於自然與超越自然之物的關係」。我認為不只可以比較，而且有比較的必要，因為思想中有太多的相似，而在相似中又有根本的差異，班雅明在許多地方，可能都為海德格思想的思路（死路？）打開了一條活路。

班雅明的浪遊者、海德格的農人，巴黎商場的走廊與黑森林的林中路，也許今日的我們沒有辦法選擇哪一個立場，也許今日的城市與鄉間之分已經沒有那麼絕對，這個時代我們對鄉間的慾望愈來愈強烈，一個一個來到花東的移民，揭示了都會人口過度膨脹、環境議題再進入我們對美好生活的想像，當代人逐漸走回林中路，而這條林中路的盡頭，是城市嗎？或者無邊無際？

也許一種兼及兩種哲學的姿態更適合城市與鄉間邊界模糊的當代：我們都是重回大地的流浪的現代人。又或者即使我們仍然生活在城市裡，仍如班雅明建議的，以悠閒姿態散步其中，重新刻劃新的與環境／周遭世界（Um-welt）的關係。

共振的自我與他者

一個新的理論視野，也許能換個方式思考我們在當代城鄉中的自身與世界關係。德國社會學家羅薩（Hartmut Rosa, 1965-）這些年來提出「共鳴」（Resonanz）理論，探索在加速社會裡的非加速存在的可能。他認為，所謂的當代（Moderne）最大的特色在於再製（Reproduktion），這個再製的運作邏輯是：擴張式的成長、加速創新，以使成長更多更快，動態中尋求穩定，一旦無動態即無穩定，也就是說，我們所能維持的現狀，必須是在不斷成長加速中才能被維持，這是當代的攀升邏輯（Steigerungslogik）。他將當代視為不斷投入資源、消耗資源的加速的社會。

但是，要解決加速的問題，減速並非答案，而是共振，或者說共鳴。羅薩認為，倘若我們不斷的獲得更多的資源，我們並不會不斷的更幸福，我們會陷入攀升邏輯卻無法更幸福的困境，相反的，還有可能在加速的壓力下更不幸福。因此，資源的多寡，不能用來衡量幸福，共鳴才能去衡量世界關係的品質，他斷言：好的生活不是累積很多資源，而是擁有豐富的共鳴經驗（Ein gutes Leben ist dann eines, das reich an Resonanzerfahrungen ist.）。

而所謂的共鳴體驗是什麼？他舉例說，在所有人類社會生活領域裡，都有共鳴體驗，例如當你在美術館裡觀看一件藝術作品時，你在合唱團裡唱歌時，那些是昇華時刻（Momente des Aufgehens），那是精神的家園所在。這樣的共鳴時刻，沒有標準程序可以創造出來，但是，可以確定的是，如果我們一直身陷在加速邏輯裡，我們的時間會被消耗殆盡，可能發生共鳴體驗的時刻就更稀少了。可是為什麼我們不能透過減速來對抗這個加速系統？因為整個系統都建立在加速邏輯的前提下，任何想減速的人，都將被邊緣化，因此，長時間的減速，無法為體系所容納。

共鳴究竟是一種什麼樣的與世界之關係？首先，共鳴是一種更全面的承認概念。法蘭克福學派哲學家霍內特認為人類始終需要被承認——也就是被愛、被珍惜、被重視。可是羅薩認為，承認只揭示了人與人的關係，卻無法全面揭示人與世界的關係。例如那些聆聽美好音樂深受感動的時刻，那些在教堂裡祈禱的天啟時刻，那面對高山大海的崇高壯麗時的出神時刻，這些都是不需要承認，卻能達成人生幸福的瞬間。共鳴是一種與世界連結（Verbunden-sein mit der Welt）的體驗，而不必然是與人連結。

其次，共鳴是異化的反面。羅薩接上了馬克思傳統，認為當代的社會裡，人異化於世界，我與世界的關係斷裂了，而共鳴就是試圖重新接上、流動主客體的關係，羅薩稱為液化的世界關係（einem verflüssigten Weltverhältnis）。

第三種共鳴則是類比為聲學物理關係的共鳴，兩者間共有一定頻率，發生共振關係。例如兩個不同速度的節拍器，原來以無相互影響方式各自存在，但是在某個節點上，兩者頻率取得一致，尤其將這兩個節拍器放在兩個易開罐上時，很快地，將發生簡諧震盪（**simple harmonic oscillation**）而同步（Synchronization）的共振關係。

快速的節拍器溢出了能量，影響了較緩慢的節拍器，但緩慢的節拍器也會在擺動中接受與釋出能量，最後兩者諧調，這種影響並非以強制方式達成，而是互動。羅薩便這樣想像這種共鳴／共振：共鳴就是兩個實體間的關係形式，也許是人與人，也許是人與物，相互影響，對對方產生反應，自身因而也做出改變，但是這只在一種共鳴空間發生，在一個不允許震盪的真空室裡，這是不可能發生的。

回到城市與鄉間的主題，我們可不可能用這種共鳴的關係來思考今日我們的處身環境？城市或鄉間的區分也許不是真正的關鍵，我們的不快樂，換了個地方居住就能克服？真正的關鍵，在於改變自己與世界的關係，讓自己能被世界碰觸、振動；而另一方面，也是我去回應這個世界，以發生效果、產生影響的方式經驗世界（**sich als wirksam in der Welt zu erfahren**）。對話兩者不是各說各話，而是共振，不管你是鄉間書店的店員、田間的農人，或是都市裡的逗留者，都以這種與他人、他者共振的方式產生一種不可強求的連結。

不管居住在鄉間或城市，都必須看到馬克思點出的我與世界異化的問題。這個問題在當代更加劇烈，因為世界在現代成為資源儲藏處，是我們進行加速生活的舞台，人類在世界中異化，不再與世界有共鳴，世界啞口無言（verstummt）而不對人類給出任何答案。我們生活在無共鳴的世界，這也是為什麼，我們即使在人群中都常常覺得孤獨。

我們必須抗拒那樣的異化關係，但是如何做到？班雅明的城市浪遊者是一種嘗試，一種以無目的、非理性存在與觀看世界的方式，重新梳理自身與世界的關係，只是我總覺得他的浪遊還少了些重要的東西：浪遊者觀看與被觀看，世界或他人是我觀看的對象，可是這其中的連結與溝通呢？對他者的開放呢？而羅薩提醒我們的，在加速社會裡，不顧一切地以非加速方式生活，最終會被拋擲到社會外層去。班雅明勾畫一個減速存在的城市浪遊者圖像時，並無這種必須不斷投入資源、加速生產才能維持平衡現狀的資本主義世界，生活在當代的我們，不再處於十九世紀的首都巴黎，如果堅持在這個世界裡浪遊，如何能夠避免這樣的命運？

羅薩的共鳴也許可以為那樣的城市想像提供一種新的主體對客體的關係，但是同時也是新的自我關係，主體必須讓自己擁有接受共鳴體驗的能力，讓世界對我們說話，而客體也必須能夠提供共鳴能力。單純堅持以自己的節奏存在，或依循他者的節奏，都無法共鳴，不管在城市、在鄉間。

（本文初稿為二〇一七年十一月十七日在臺東晃晃書店之演講內容）

17〉來杯拿鐵瑪奇朵

一九三二年年底的巴黎，三位文藝青年坐在一家叫做煤氣燈（Bec de Gaz）的咖啡店裡，閒聊當時的歐洲思潮。一位對另一位說：「我的小同志哪，你看，如果你是個現象學家的話，你就可以談論這杯雞尾酒了，而這就是哲學！」

說這話的人叫做雷蒙．阿宏（Raymond Aron, 1905-1983），當時他是德國科隆大學的法國文學講師，也在柏林讀書，在那裡接觸了學院裡精鍊出來的現象學思想，年底寒假時興奮地回到巴黎去告訴他的好友。這位與他同年出生的好友聽了他的描述，興奮得臉色發白，如同遭受電擊，一九三三年便去德國讀書，想知道這種可以談論雞尾酒的哲學是怎麼一回事。

這個興奮的青年就是沙特，他在德國細讀的三H（Hegel, Husserl, Heidegger），決定了日後他的思想成型。而這個故事後來由在場的另一個人講述，那人是西蒙．波娃（Simone de

Beauvoir, 1908-1986）。

「回到事物自身！」

這則軼事道出了上個世紀思潮一個重要的發展：思想家告別了先驗的東西，轉向人間，去探索物，探索生活，讓理論回到我們最切身的領域。對於「物」的興趣因此佔據了歐陸人文社會思想幾乎整整一個世紀，擴及文學、哲學、社會學，包括現象學、存有學、存在主義、結構主義、解構主義等等。

其中最為人知的，就是德國現象學奠基者胡塞爾的「回到事物自身！」（zu den Sachen selbst!）的呼籲——也讓阿宏與沙特著迷不已——這種思考方式把以往哲學工作的內容「存而不論」，例如不再問事物是否存在這種問題，而是直接去探究物在世界中的存在狀態。所謂「物」，當然也包括我們的周遭世界，我們的身體存在。

閱讀法蘭克福大學社會學系教授提爾曼·阿勒特（Tilman Allert,1947-）於二〇一五年年底出版的《拿鐵瑪奇朵：微物社會學》（*Latte Macchiato. Soziologie der kleinen Dinge*），不能不讓人想起這種對於「平常之物」的熱愛。阿勒特透過「回到事物自身」的書寫，展現了他對生活世界的熱情。他從那些最切身的小東西、最尋常的社會現象，描述我們的社會存在以及時代變化，從理論出發卻絕不抽象，一切看來繁瑣平凡的雜多生活世界，都在他獨到的眼光中被梳理得澄澈且有趣。阿勒特展現了社會學的活力與能力，這個學科不是、也不該是象牙塔裡的理論操作，它是人間的學問。本書很成功地向學界與一般讀者證明了這一點。

對於不起眼事物的鍾愛

還沒翻閱內容，書名已經是一個精彩預告：在我們每天喝的拿鐵瑪奇朵的背後，社會學家看到了何種大千世界？這本書共收入三十五篇文章，並非學院論文，而是在報刊雜誌上的散文，他討論每一個人都經歷的周遭現象，例如歐洲人日常問候方式的改變、寵物犬種類的變化、城市地標、我們為什麼鍾愛喝拿鐵瑪奇朵、服裝設計師吉兒・桑得（Jil Sander）、學術流行、汽車、面具、美人魚、大飯店、動物園、影像……

他能夠從小東西看到大時代，從不起眼的事物談結構變遷，這需要極佳的理論素養以及「對事物的鍾愛」（Liebe zur Sache，借用其中一篇標題），才能有如此獨到的眼光與文字。

本書第一篇文章〈日安〉（Bonjour!）觀察人際互動。我們每天都會與認識的人或不認識的人相遇，而彼此的關係就在互相問候中展開。阿勒特觀察到，問候已經隨著時代不同而有不同形式，這也代表不同關係或地位的確立。近代法國文明建立在一種有禮的應對方式中，例如在咖啡店裡或麵包店裡相遇時的問候：Monsieur（先生）、Madame（女士）、Madamoiselle（小姐）、Messieurs-Dames（先生女士們），這是一種在對文明熱衷（zivilisationsenthusiastisch）的社會中必要的邂逅禮節：在問候中，必須當下決定使用何種不同稱謂，因而確定了你我關係，以及你我在這個文明中所扮演的不同角色。

作者認為，這種禮節來自前現代的宮廷時代。例如法國大革命後被逼上斷頭台的瑪麗皇后（Marie Antoinette），在把脖子放到刀下時不小心踩了劊子手的腳，急忙說「先生，抱歉」（Pardon, Monsieur.）。即使在這個時刻，皇后仍然以這句文明有禮的道歉確立了彼此身分地位關係，也標誌出了整個社會秩序的結構。

但是這樣的問候今日不再。現今的法國人問候彼此Bonjour或Bonsoir，這是更簡單、更一般化的方式，不需考慮對方身分，純粹指涉於時間的問候（日安、晚安），而非社會秩序與地位。這並不是所謂文化的崩潰，而代表著我們的社會關係更彈性化（Elastizität sozialer Beziehungen），外國人在法國也可以簡單地用Bonjour打招呼，不用擔心所選擇的稱謂與那個社會規範不合。

文明化的進程

阿勒特多次在書中表示，他談論的是「文明化進程」（Prozess der Zivilisation）。這詞彙不能不讓人想起社會學者埃利亞斯（Norbert Elias,1897-1990）於一九三九年出版的鉅著《論文明化進程》（*Über den Prozeß der Zivilisation*）。

埃利亞斯關注的是西歐文明化過程中社會及個人行為的結構變化。他描述的時間向度大約一千年，從日常現象去觀察我們的行為及觀念如何被文明化，以描繪千年來的歐洲社會變遷。例如餐桌上的禮節、臥室中的互動方式、語言中的敬語稱謂模式、人們如何確認什麼是糟糕行為、什麼又是好的和更好的行為舉止、吐痰的社會意義、男女互動模式的改變、暴力與攻擊慾社會角色的改變、騎士的生活、身體與性、羞愧與尷尬、暴力的社會角色……等等。《拿鐵瑪奇朵》也接著這種社會學傳統，繼續說著西方文明化的歷史與結構變化的故事。

另一個例子，阿勒特從街景變化敘述社會結構的轉變。他問，為什麼今日我們很少再看到人們攜帶著爭奇鬥艷的貴賓犬上街了呢？他認為在以前的時代裡，貴賓犬代表最奇裝異服的美麗，人們仍然必須留在安份的形象裡，便飼養貴賓犬並以各種誇張的毛色與造型顯示其離經叛道；可是這個年代我們早已不需要寵物來突顯我們的離經叛道，因為我們自己就是社會偏差者——至少在外觀上，每個人都有某種程度的反社會傾向，服從集體規範與流行已是上一個世代的事。而今日哈巴狗取代了花枝招展的貴賓犬，誰說這種溫馴、依賴主人、擁有生動表情與大眼睛的寵物，不是現代少子化社會的象徵呢？

拿鐵瑪奇朵與消逝的青春

又例如本書書名所來的〈拿鐵瑪奇朵〉一文中，作者看到，大學裡最受學生歡迎的飲料就是拿鐵瑪奇朵，這種一小口 espresso 加上大量牛奶的飲料，是一種「告別青春期的神奇飲料」——苦味十足的濃縮咖啡是成人的味道，可是那濃郁的奶沫，總是讓人想起仍然在父母家時共進早餐、喝著牛奶的昔日時光。兩種完全不同的飲料、不同的味道、不同的色彩意象，一開始層次分明，最後混合交融成為不可分的全新滋味，豈不正如我們處於青春期與成人之間的過渡，我們親身經歷的那些世代差異？我們尚未揮別純真但又逐漸跨入放縱之惡的階段的那曖昧存在？

這樣既黑白分明、卻又滲透交融的飲料，代表的正是「現代的感官偏好」（sinnlichen Präferenzen der Moderne）。這是一種文明化進程，我們不再處於區分清楚的時代，而進入了曖昧、交雜、融合、多元的自我表達狀態。

而喝這杯拿鐵瑪奇朵的人，喝的是抗拒著牛奶、但同時又對之不離棄的咖啡；但那被戀戀不捨的牛奶，早已不是單獨存在時的姿態了——如同我們在即將進入成人時，那麼渴望著長大，可是卻又依依不捨青春的逝去，而我們的青春其實早已無法挽留。喝這杯拿鐵瑪奇朵時，你更愛的是咖啡或奶沫？處在那個狀態中的你，感受到的是哪一個生命階段的美好或苦澀？

〈拿鐵瑪奇朵〉一文，不能不讓我想起班雅明在《新天使》的一篇文章。在一篇散文〈飲食〉（Essen）中的一節，班雅明敘述「鮮奶咖啡」（Cafécrème），他談從一杯咖啡看到的巴黎樣態，以及一杯咖啡無法抓住的時光，「那整個早晨，那今日的早晨，那生命中消逝的這個早晨」。

我們喝的不是咖啡，是一個早晨，是一個逝去的時代哪。

法蘭克福學派的逝去時光

也許在這一點上可以看出阿勒特與班雅明相同之處。班雅明寫飲食、書籍、街道、攝影……現代社會的各種眩目景致；而阿勒特也敏銳觀察現代社會之所以成為現代的那些「細微形態的各種精微格式」（Mikroformat der kleinen Formen）。兩人都與社會學中的法蘭克福學派關係密切，可是卻又都不算是這個學派中人，都維持著一定的批判距離——阿勒特在該書中就直言，法蘭克福學派背負著太多的神話，已成為一個品牌，一個可以印在T恤上的標誌。因此，《拿鐵瑪奇朵》可以被視為一種回到這個學派最原初理論爆發力的嘗試，卸下那些太沉重的負擔，再以驚奇的眼光看待現象、結構、文本、象徵、脈絡。

如同班雅明對昔日的戀戀不捨，有意無意地，阿勒特也常提及「追尋逝去的時光」這種概念，例如那杯拿鐵瑪奇朵，以及另一篇文章中他感嘆「騷動當下的照片」（**Fotos in unruhiger Gegenwart**）代表了言說的時代已逝：人們選擇影像，放棄了敘述這種媒介來表達自我的故事，現代人不再有能力談論過往發生之事，不再靠著敘述、說話來接合出認同、共存與社會性。他的微物社會學，是否也透出某種鄉愁，在法蘭克福學派中追尋逝去的時光呢？

法蘭克福學派曾經也有過那麼迷戀周遭細小事物的時期，最精彩的就是阿多諾的《最小限度的道德》（*Minima Moralia*）一書。阿勒特在名為〈再見了，泰迪〉（Bye bye, Teddie，泰迪是阿多諾的小名）的後記中寫道，讀者當然會聯想起阿多諾那本社會學的經典，可是該書經典處並非如書名暗示的道德論，而是在其細微分析的、現象學的明確描述。他與阿多諾都在觀察世界的印跡，看這個世界的內在性，「從一個現象的內在文本形態，重構出意義」（die Sinnrekonstruktion aus der inneren textualen Gestalt eines Phänomens）。

「從現象的內在文本形態重構出意義」，讀來複雜，其實是一種單純的態度。我們必須把迄今背負太多的成見放下，不再視世界為理所當然，或者不止以一種方式看待世界。我們周遭的現象是複雜的文本，我們都是熱情的讀者。阿勒特在本書的最後結尾這段話，足可說明這樣的態度：《拿鐵瑪奇朵》是指出方向的手指，指向那些我們所是的事物，那些圍繞於我們周邊的、已變成神話的事物，也指向社會性的表達形式，我們都是身著不同劇服在這社會中登台演出者……

帶著驚奇觀看世界

柏拉圖在《泰阿泰德篇》中說了這麼一段故事：傳說泰勒斯在觀察天文時，未注意地面，落入水井。在旁的婦人看到了，嘲笑他說：這傢伙努力地要看清楚天空的東西，可是在眼前與在腳下的東西，他卻一點概念都沒有。長久以來這便是對於哲學家的印象：哲學家們太熱愛理論，而學習文史哲的學子，也常常被稱為學習無用的學問，對於真正的世界太過陌生。

可是什麼又是真正的世界呢？如果沒有了理論，我們真能看清楚這個社會嗎？也許不是哲學家們把事情說得太複雜，而是這本來就是一個太過複雜的世界，多數人卻只擁有單純的眼光。阿勒特以優雅的文字將社會學呈現為一種「回到地面的學術」（down-to-earth-

Wissenschaft），並未援引太複雜的理論，卻能穿透雜多，描述出我們生活於其中的複雜生命世界與社會演化。甚至可以說本書並非知識傳遞、理論建構的巨著，而只是一個閱讀世界文本的人，表達了他與世界邂逅時最源初的驚奇。

他對於法蘭克福學派已成為一個品牌與標誌的感嘆確有道理。今日所有人都可以走進法蘭克福大學商店裡，買一個印有阿多諾頭像與名言的馬克杯，然而這個馬克杯不該只是學術流行的象徵。「理論」不是眩目美麗的文化商品，「理論」（θεωρεῖν/theorein;θεωρία/theoría）原來的希臘字義是「觀看」，當我們學習理論時，從來就不是只思考抽象之物，我們還必須細細觀看這個世界，觀看者不是發掘了一種唯一的真理，而是看到了各種意義如何發生，並且在其中找到關聯。阿勒特的極佳眼光為我們展示了理論者同時看著天空也看著地面，即使並非社會學界的讀者，都能有閱讀樂趣，都可以一起為這世界感到驚奇。

是時候拿起阿多諾杯子，來杯拿鐵瑪奇朵了。

（本文初稿發表於獨立評論@天下「德意志思考」專欄）

18 勇敢地活著——布伯

來自黑朋海姆的拉比

「我沒有學說。我只是呈現出一些東西。我呈現出真實，我呈現出帶著真實性的東西，那些東西不曾、或者太少被看見……我沒有學說，但是我與人對話。」[1]

馬丁・布伯（Martin Buber, 1878-1965），這個一生奉獻給神學的哲學家，曾經在法蘭克福近郊小鎮黑朋海姆（Heppenheim）住了二十幾年，被稱為「來自黑朋海姆的拉比」，也在法蘭克福大學教授猶太教神學，在他的影響下，許多一流的知識人來到法蘭克福，求教於他。

雖然海德格曾經痛批布伯不懂哲學，但是這是不盡公允的說法。布伯談的不是一般的

1 Martin Buber: Eine philosophische Rechenschaft, in: Martin Buber: Band I, Schriften zur Philosophie. München 1962, S. 1114.

布伯[2]

攝影 Bilsen, Joop van / Anefo

from [1]Dutch National Archives, The Hague, Fotocollectie Algemeen Nederlands Persbureau (ANEFO), 1945-1989bekijk toegang 2.24.01.04 Bestanddeelnummer 915-3262

學院哲學，而是出入於宗教與哲學之間的深層的思想。當時許多人對宗教感到興趣，但是對於宗教信仰的儀式不能滿足，在宗教之中追求更超越性的、更深層的「宗教性之物」（Das Religiöse），布伯這個從不停止探索信仰對於人類存在意義何在的思想者，遂在一九三〇年代前的法蘭克福，填補了這個需求。他與來自全歐洲的思想者對話，那接近二十年間的對話及書寫，構成了法蘭克福思想史不可缺少的一章，其中亦帶著德國陰暗歷史的一面。

一八七八年二月八日，布伯生於維也納的猶太富商家庭。小時候他的父母即離異，是祖父母帶大他。祖父薩羅蒙．布伯（Salomon Buber）是一位銀行家也是猶太教經典專家，布伯遂在閱讀宗教經典如同吃飯喝水一樣自然的背景中成長。一八九六年，布伯進入維也納大學哲學系就讀，讀書期間除了積極探究猶太經典學說外，也積極參與猶太錫安建國運動。

世紀之交的維也納，在強大的奧匈帝國羽翼下，是西方現代文化的重心。在那個帝國首都，產生了各種知識與思想的實驗、衝擊，藝術與文學不斷地出現令人驚艷的革新，包括佛洛伊德的心理學革命，史尼茲勒（Arthur Schnitzler）、羅特（Joseph Roth）、霍夫曼塔（Hugo von Hofmannsthal）、褚維格（Stefan Zweig）等一流文學者，聞名世界的哲學學派維也納哲學

2 https://commons.wikimedia.org/wiki/File:Martin_Buber_1963b.jpg

圈（Wiener Kreis）也逐漸成形。這樣充滿思想刺激的維也納，孕育出了布伯的哲學與神學。

布伯在當時猶太文化強烈、猶太社群影響力高的維也納，獲得充分的文化滋養，也使得他後來投入了錫安復國運動。後來他遵循著歐洲大學的老傳統，赴柏林、蘇黎世、萊比錫等不同大學求學，跟著齊美爾（Georg Simmel）、迪爾泰（Wilhelm Dilthey）等知名學者學習。一九〇四年以《論個體化問題史》（*Beiträge zur Geschichte des Individuationsproblems*）取得博士學位後，他在猶太出版界工作，逐漸成為猶太文化圈重要的學者。一九一六年，奠定地位的《我與你》（*Ich und Du*）初稿完成，但是持續修修改改，直到一九二三年才正式出版。

那一年他來到法蘭克福，並在法蘭克福待了十年。設立於一九一四年的法蘭克福大學，原無神學或宗教學系，後來校方規劃設立神學院，下設三個方向：天主教、新教與猶太教。因為經歷一戰，財政吃緊，這個計畫直到一九二二年才被實現。猶太教的教席原規劃讓猶太拉比、也是知名歌德研究學者諾貝爾（Nehemia Anton Nobel）擔任，但諾貝爾突然逝世，校方只好另覓人選。原來屬意由大哲羅森茲維格（Franz Rosenzweig, 1886-1929）擔任，但他當時已有肌萎縮性脊髓側索硬化症，必須辭去，布伯成為他的接任者。

布伯來到法蘭克福大學前在羅森茲維格創設的自由猶太講習所任教，推動猶太學的普及教育，原對大學教育興趣缺缺，但是在羅森茲維格的遊說下，他還是基於使命接下這個教職，其正式名稱為「猶太宗教哲學與猶太倫理學」。在一封給另一位猶太神學家薩姆爾·胡果·貝格曼（Samuel Hugo Bergmann）的信裡，他說早在一九一八年已有大學擬破格勇敢地召喚他這個學術界局外人，但他拒絕了那個教職，之所以要接下羅森茲維格的缺，只是因為之前法蘭克福大學的宗教學皆由基督教學者講授，這個教職代表著猶太神學與哲學的特殊意義。

不過，原來法蘭克福的猶太社群對布伯接下這個教席存有疑慮，因為當地人並不熟悉這位來自維也納的哲學家。但是羅森茲維格極力擔保，認為唯有這個並非當地拉比、卻又熟悉猶太經典的人，才能為猶太宗教研究開出新局面。換句話說，羅森茲維格必須兩面奔走，既說服布伯接下這個教職，也說服猶太社群接受布伯[3]。最後證明這個決定是正確的，布伯在法蘭克福大學的十年講壇，對於大學的猶太研究甚至宗教、哲學、倫理學研究都有重大影響，可說幾乎以一己之力讓法蘭克福大學的人文學科逐漸茁壯，得以與其他傳統老大學一較長短。

布伯的研究教學工作不僅將法蘭克福的猶太教研究哲學化、學術化，也讓猶太教從宗教轉化成哲學研究，並成為全德國一門重要的學術領域。一九二四年夏季學期，他在大學開設

3 Michael Zang, "Martin Buber an der Universität Frankfurt (1923-1933)," Moritz Epple, Johannes Fried, Raphael Gross und Janus Gudian (Hrsg.) Politisierung der Wissenschaft. Göttingen 2016. S. 196.

的第一堂課程「宗教學如何可能？」（Wie ist Religionwissenschaft möglich?），完全就是康德式的提問，不僅探問宗教的內容，還批判性的思考宗教學的存在條件、普遍性、有效性等。他的工作使得猶太教不再限於猶太社群，更讓許多對於宗教學感興趣的非猶太人開始閱讀猶太經典，並開展了跨宗教的對話。例如，他與一九二九年至三三年間居住於法蘭克福的新教神學家蒂里希便熟識（後因反納粹立場被驅逐）並常年保持對話。

一九三三年夏季學期，布伯在大學課表上登錄的課程是「宗教的共同體」（Die religiösen Gemeinschaften），然而希特勒上台，作為猶太人、教授猶太經典的他，遂被卸除教職，他位於黑朋海姆的居處也被祕密警察搜索。一九三三年五月十日，法蘭克福的羅馬山廣場上，舉行了公開的焚書活動，在這種氛圍下，布伯及許多大學中的猶太知識分子最後不得不離開法蘭克福。那最後一堂談論共同體的課，他沒有機會講授，似乎也暗示了這個國家的悲劇未來：一個真正意義的共同體，將在「民族共同體」的意識形態中瓦解。

我與你

布伯這本名鎮士林之作《我與你》，基本立論是，人類存有於關係中，根本上此存在關係可分為「我─它」（Ich-Es）及「我─你」（Ich-Du）關係。前者是普通的日常關係，是人類對萬物的關係，但是，這通常也是人類對他人的關係——將他人視為物，以某種無涉入、疏遠的方式相處；而我與你的關係則不同，是將他人視為與我對面、與我對話的「你」，這是一種邂逅，是一種真正的相互涉入的夥伴關係，是傾聽與訴說的對話關係，或者可以用佛家的話說，兩人的緣生緣起。布伯認為，這種「我與你」的邂逅，即是我與上帝產生關係的可能性，而以聖書為核心的宗教之本質，即在於使這種人神之間的（我與你的）對話可能。

這本書輕薄易讀，卻是布伯哲學及神學思想的關鍵。當年我正在寫關於海德格的博士論文，苦思他哲學中有關自我與他者的關係，一直覺得自我與他者之間的緊張關係無法解開，偶然翻了布伯此書，隱隱覺得，布伯所闡述的自我與他者的關係，是某種和諧而相互理解、相互構成的共存狀態，彷彿就是海德格哲學中那解不開的敵意之另一版本的「解藥」。他與另一個猶太哲學家列維納斯一樣，都是以其樂觀及信仰（不一定是對神的信仰，還是對哲學、對人、對共存的可能性的信仰），在過於強調敵我之分的時代裡，敘述對世界的希望以及對他人的友誼。

在《我與你》中，布伯開宗明義說，世界對人類來說總是成雙成對的，也沒有單獨存在的「根本語彙」（Grundworte），根本語彙必然是「對詞」。兩種「對詞」，決定了自我與他者的關係構成方式：「我–你」及「我–它」。這兩種方式，是兩種截然不同的存在態度。

「沒有『我』本身（Es gibt kein Ich an sich），而只有『我─你』根本語彙關係中的我，或者是『我─它』關係中的我。」布伯說，當我在說「我」時，我指的是這共存中的我，但是這種共存，可能有兩種：與「你」共存，以及與「它」共存。「它」，就是對象，是我所知覺的、我所感受、想像、意願、思考的那些「對象」（Gegenstand），或者以海德格的方式說，「對立於我」（Gegen-stand）的「某物」（etwas）。

但是，「你」與「我」的關係不同，你不能成為我的對象，因為你並非他者，你不是那某物，你不成為「我─它」之界線，你卻又確確實實存在著。你在我與你的關係中存在著。

讀這些段落，倘若把作者名字隱去，幾乎要以為這本出版於一九二三年的書，是由戰後法國哲學家德希達所作。那些解構的倫理思考，同時在布伯、列維納斯（Emmanuel Levinas）、德希達這三個猶太思想家的成名之作中出現，是巧合？或是來自猶太經典的深處？

邂逅於無神的時代

我們相信，我周遭世界，由我「經驗」而來。布伯說，我只能經驗某物，只能經驗對象，經驗「它」。而我的經驗，並非我也投身其中的那種世界構成，真正的我的世界，是關係的世界（經驗某物，無法構成這種存在關係），這是由「我–你」所創建的。

只有從「我–你」這樣的「人類共存」關係，才能進入與「精神本質」（den geistigen Wesenheiten）的關係，這就是一種無以名之的受啟示狀態，語言至此失去了作用，我們只能感受到被召喚，進而回應、思想、行動。我們一樣說出了「我–你」這一組根本詞語，只是這次以無聲的方式。

所以，對布伯來說，要感受到神，最重要的是將他人視為對我具有根本構成重要意義的「你」，這是一種先肯定了「你」，並在「你」中才肯定我的存在的關係。在「我–它」中，它的地位被我「弱化」（entkräften，直譯為卸除了力量），我是主體，它只是為證成我才存在的對象。而當代人（一九二〇年代時）的問題即在於，我們多只將他人視為「我–它」關係中的對象，而不真正視他人為「你」，那個我們必須正視、必須先存在於我們、必須決定我的共存關係的「你」。

因而當代於是也成為一個失去了精神本質的無神的時代。

我與你的關係，不該是你只是我「經驗」之對象，因為那終將預設了我先存在，而你只是對我來說可有可無的他人。我們之間的關係真正是邂逅，你與我邂逅（Das Du begegnet mir），激情與行動都在此瞬間迸發。而我，也才存在。「在你身側，我成為我所是。當我喚你時，我進入了成為我的過程（Ich werde am Du; Ich werdend spreche ich Du.）。」而所有的真實生命，都是來自邂逅（Alles wirkliche Leben ist Begegnung）。聽起來多麼像一場完美的愛情。

愛

而那確實是愛戀關係。

布伯接著區分了感覺（Gefühle）與愛（Liebe）。感覺，是可被擁有的，而愛情，不能擁有，只能發生（Gefühle werden gehabt; die Liebe geschieht.）在「我–你」之間發生的邂逅、關係，是「愛」，我因而得以存在，我的世界因而得以成形，因此，「愛是一種構出世界的作用」（welthaftes Wirken）。

愛，是一個「我」對於一個「你」的責任〔Verantwortung，或者，我們可以說，我對你的回應（ver-antworten）?〕己身的生命、存在意義，就封存於「你」存在的可能中。

但是這樣的愛，並非一廂情願地付出，這是一種相互構成，我對於你的意義，如同你對於我的意義，布伯說：「關係就是彼此回應。」（Gegenseitigkeit; Mutualität）而「我」只能棲身於「我–你」愛戀關係中的共存，你亦如此。

其實，德文的關係（Beziehung），豈不也暗示了彼此千絲萬縷的牽扯（ziehen）與關聯

（beziehen）嗎？

他說，太初有關係（Im Anfang ist die Beziehung）。而這關係中的超越所有經驗條件的先驗者（Das Apriori der Beziehung），是那先於我存在，對我來說無比重要的你，那個「內生（獨生）」的你（das eingeborene Du）。

布伯沒有解釋，但是eingeboren是一個充滿神學意義的詞，馬丁・路德用Eingeborener Sohn（內生的聖子）來翻譯希臘聖經的monogenetos hyios一詞，用以形容耶穌基督作為聖子，與天父之間的獨一無二的關係，基督因上帝而存在（作為獨子），上帝又在基督獨子身上顯現。這種關係就是「在你那裡成為我」（am Du zum Ich）的愛。

布伯談愛，談共存者，談關係，是為了談人的存在如何開啟與神之關係。他想回答這個問題：如何證明神與人的關係？他說無法證明，如同神的存在無法證明一樣。但是我們可以找到印跡。

我想起了那個永恆的、無法回答的問題：你愛我嗎？倘你愛我，你能證明嗎？

勇氣

一九三三年十月四日，學期將開始前，在柏林的學術、藝術暨人民教育部部長簽發了一紙公文給布伯：「依據重建職業公務員資格法令第三條，我以此信解除您在法蘭克福大學的教學許可。」

從此布伯的教授職位被剝奪，喪失教學資格（Venia legendi）。布伯成為了其哲學中的「它」，成為重建職業公務員的「對象」，不是「共存者」（Mitmenschen），不是「你」。一九三三年後那失去信仰的政權，最終將他驅趕到了耶路撒冷、到了美國。他在美國與同被放逐者漢娜・鄂蘭都思考愛與恨的問題，鄂蘭深刻地思考了極權主義起源問題，但布伯依然相信共存的可能。直到一九六五年死於耶路撒冷，他始終沒有放棄過對人性的信念，始終認為人與人之間邂逅、對話是可能的，而神，也能現身於這些共存者的關係之間。

我們能與他人共存，能與他人相愛，即使布伯曾經被那麼無情地驅離法蘭克福大學，他還是這麼樂觀的相信人類與愛。這其實不只是樂觀，還必須擁有勇氣。

布伯於一九五三年時被授予德國書業和平獎（Friedenspreis des Deutschen Buchhandels），這是全德書業協會設立的國際知名的和平獎，每年在法蘭克福書展期間在法蘭克福保羅教堂舉行頒獎典禮，可以視為德國版本的諾貝爾和平獎。授獎委員會表示該獎項是為了表揚「透過在文學、學術與藝術領域的作為，以巨大的程度促進和平思想的實現」。而布伯的思想成果，確實符合這樣的標準。

他在保羅教堂裡以「真正的對話與和平的可能性」（Das echte Gespräche und die Möglichkeiten des Friedens）為題發表受獎演說。一開始他便說，十年前有為數甚多的德國人，接受了直接或間接的指令，以一種系統性的準備及執行程序，殺害了數百萬他的同胞以及同信仰的人，這種組織化的殘暴，史無前例。而這些殘酷已經遠遠超出他的想像能力，十年後，他何德何能可以談論寬恕？當他想到德國人民，第一個畫面就是成千上萬的德國人，在集中營時，可以做些什麼改變一些事，卻袖手旁觀。

可是，即使經歷了那麼大的痛苦，他在演講裡還是說起了信賴，對人類的信賴。他說，該問的不是信賴誰，而是信賴本身，這是當代人類失去的能力。而這也與語言的危機緊密糾纏，「要在真正的意義上對一個人說話，他必須認真看待我的話語」，也因此當代人的語言危機是信賴的危機，人不再能夠禱告，因為無法對神說話，人無法與他人對話，因為無法認真看待他人。不同的陣營間，沒有真正的話語。這是一種病。

這是一種可被治癒的病，布伯說，他無法證明解方，他只能信仰，而信仰無法被證明，信仰只能是一次巨大的冒險。他信仰著神，也信仰著人類的善與無限可能，他不知道這樣的信仰是否正確，他只是勇敢地投入了這個冒險。「我無法想像，誰可以完全無勇氣地存活著。」[4]布伯說他沒有學說，可是他教導了我們，勇敢地負起對他人的責任，勇敢地信仰，勇敢地愛。

4 Maurice Friedman: Begegnung auf dem schmalen Grat, Martin Buber- ein Leben. Münster 1999. S. 288.

19 對話與理解

對話

兩千年時，《明鏡週刊》刊出了一篇記者托瑪斯・史徒姆（Thomas Sturm）對哲學家高達美的訪談。這一年，高達美百歲誕辰，是德國最受國際重視的哲學界耆老。這個訪談是百歲老人智慧完熟時的思考，值得一談。

史徒姆首先請高達美向非哲學背景的讀者解釋，哲學家們都在做些什麼。他答道：「差不多是這樣：有些問題是人類想要知道答案、卻得不到答案的。如果說，隨著學術的進展，問題就會消失，那純屬迷思。」這個答案點出了哲學的特別處，那不是能夠有一勞永逸答案的學術，相反地，你必須承受可能永遠沒有最後答案的挫折，並且不斷地探問，因為，對於答案的渴求永遠不會停歇。

那麼，哲學的方法是什麼呢？記者問。

「我們都想說服他人，這也叫做修辭學（Rhetorik）。」高達美回答。記者並不信服，認為許多大哲學家並不會接受高達美這個答案。修辭學、說服他人，怎麼會是哲學方法呢？高達美說，至少柏拉圖就這麼主張。而什麼是修辭學？他這麼定義：「作為哲學方法的修辭學，這指的是：我們終究必須再度學習，如何進行一場正確的對話。這是哲學任重道遠之任務。對話的前提在於，他人也可能有道理（Ein Gespräch setzt voraus, dass der andere Recht haben könnte）。」

哲學，就是試著回答可能無最終答案的問題，是試著說服他人，可是，這種說服絕非無論如何都要獲勝，都要見到對方承認「我錯了」，真正有交流意義的對話必須出發於對他人之承認，必須接受這個前提：我相信我對，但我也相信你可能對，你當然也覺得你對我錯，但你也接受，隨著對話的進行，你可能發現你錯我對。在這樣的信念下，對話的雙方才能真誠理解彼此的差異。

在這個四處豎立同溫層、拒絕溝通、你死我活的時代，哲人的呼喚如同暮鼓晨鐘。

我們都失去了對話的能力

我喜歡讀高達美的作品，覺得他的東西初讀下雖無法國思想的力道，也無海德格的感染力，可是有味道，愈讀愈覺得有道理，像是一個老師緩慢清楚地為你解釋你本來以為再明白不過的事情，聽了他說之後才領悟，原來可以用這種方式思考、觀察生命。那種語調是出自一個期待看到人類更好的未來的長者，他終其一生思索人類溝通、共存的可能性，非常謙虛的態度，與讀海德格時常常感受到的「就是非得照我說的這樣不可」的那種命令式的語氣截然不同。尤其讀高達美論語言的部分常使我思考，從高達美的角度去看海德格，不知高達美會不會一直覺得自己的老師過於獨斷且菁英化？

一九七二年，高達美寫了〈無能對話〉（Die Unfähigkeit zum Gespräch）一文，說明當代人習於獨白，對話這門古老技藝已然消逝。可是，人本來是對話的動物。他引述亞里斯多德對人的定義「人的本質是語言」，進一步推論說，語言，必然是存在對話裡的。倘若語言只在字典及文法書中，必然失去生命，「語言只能存在於對話中」（Sprache ist nur im Gespräch）[1]。因此「人—語言—對話」這幾種概念原本就是不可分的。

1 H. G. Gadamer, Hermeneutik II: Wahrheit und Methode: Ergänzungen, Register. Mohr, 1986, S. 206ff.

高達美的憂心，今日讀來格外有感。如果我們不再對話了，我們還能是哲學家定義的人嗎？我們還傾聽他人嗎？還願意承認，他人也可能有道理嗎？

在這篇文章中，高達美主張對他人開放的交談，其實就是在《明鏡週刊》訪談中說的：承認他人有正確的可能。在今日文明相互隔閡與敵視的狀態下，這是用心良苦的諄諄善誘。他說，不要把無法對話怪到別人的無法與我對話，這個說法，預設了你必須先反求諸己，先思考自己夠不夠對他人開放，才來要求溝通的可能。溝通的失敗，不要怪別人，要自問是否自己做得不夠。

老學生

順便來說個小故事，談高達美式的理解。

美國哲學家理查・羅逖（Richard Rorty）在一篇〈那位課堂旁聽生〉（Der Vorlesungsgast）文章中，談他年輕時的一段遭遇[2]。那是一九七〇年時，當時羅逖還不到四十歲，是普林斯頓大學年輕的哲學教授，受美國天主教大學（Catholic University of America）邀請去當客座講師，講了一學期的課。

這堂課裡，他處理了美國哲學家塞拉斯（Wilfried Sellars, 1912–1989）。羅逖認為塞拉斯是個極有創見的學者，可惜他的寫作方式太過難解，使得他長期被忽略了，羅逖認為要釐清分析哲學的問題不能不讀塞拉斯，因此羅逖選了這個主題，也盡力地想以清晰易懂的方式，讓學生能夠一窺分析哲學堂奧。

但是，顯然這位年輕教授失敗了，隨著時間過去，他課堂上出席的學生一週比一週少，出席的人也是時來時不來，只有一個例外。羅逖見到他的講堂上第一排，總是坐著一位白髮蒼蒼、衣著典雅的老先生，從未錯過任何一堂課，他想，那一定是一位退休的生意人，希望在退休生活裡為自己找到一點樂趣，例如學學哲學，以打發多出來的時間。

後來，羅逖才知道，這位老先生就是名滿天下的《真理與方法》的作者，德國大哲高達美。

羅逖寫道，當他知道台下這位勤學的老先生就是那位高達美時，簡直無法相信，在台上手足無措、極為無助。

後來他認識了高達美，知道這是一位謙遜而為他人著想的長者，就知道自己當初的害怕毫無必要。但是我們都可以理解那時他的心情，試想：台下坐的旁聽生，就是平常台上會討

2 "Der Vorlesungsgast," in Begegnungen mit Hans-Georg Gadamer, ed. Günter Figal, Stuttgart: Reclam, 2000, 87–92.

論的經典著作的作者本人，這是多麼不可思議的事！

高達美的地位自然不是不到四十歲的羅逖可以企及的。一九四七年高達美已經是萊比錫大學校長，一九四九年雅斯培在海德堡大學退休後，高達美去接了他的哲學教席，後來擔任德國哲學協會主席，並於一九六〇年出版《真理與方法》，成為當代人文學科的經典。高達美在一九七〇年時已經七十歲，從海德堡大學退休，也被美國天主教大學邀請擔任客座教授。趁這個機會，高達美每週去這個其他學生不願去的課堂，仔細、安靜地傾聽，以便更理解美國的哲學界，即使當時的美國哲學界相當排斥高達美所代表的歐陸傳統。

這就是真正的大師，大師不是什麼學派的領袖，而是永遠的旁聽生：能夠面對思想的巨大，永遠把自己放在學習的位置上，仔細地傾聽他人的聲音。而溝通與對話，也在這樣的時刻才有可能。

曾經在一次接受訪問時，他這麼說：「我說過，讓自己在世界裡理解，這其實是重要的主題。這意味著，彼此理解。而彼此理解，意味著理解他人。這是道德上，而非邏輯上，最最困難的人類任務。」高達美確實是實踐這無比困難任務的思想者。

柏拉圖主義者

關於高達美的「對話」，再說個小故事好了。

有一本極好的書，書中字字句句都清楚呈現高達美的溫暖、耐心對話者的形象。這本書叫《世紀的教訓》（*Die Lektion des Jahrhunderts*）。

這是羅馬大學哲學教授多托利（Riccardo Dottori, 1940-）於二〇〇〇年時，赴海德堡與高達美對談的訪問文集。那一年，高達美正好一百歲，在書中，他闡述了那一百年中德國與他個人生命交纏的歷史，說起了他哲學生涯中種種論戰，與哈伯瑪斯之間的針鋒相對，以及相互理解。他也說起老師海德格的納粹歷史，並為海德格辯護。他也說起他之前的、同代的、後輩的幾個時代的德國人文界狀況。這本書每一頁都精彩。

這本書於二〇〇一年出版，高達美隔年過世。這本書可以說是一代大哲的遺言，讀他對待其他學者的氣度恢宏，讀他判斷德國及世界局勢，讀他談政治、哲學與倫理關係，讓人越讀越是感動。夜裡翻讀，我不知不覺間就把約一百五十頁全書讀完。讀畢掩卷，抬頭發現窗外已是雨夜，想到這個時代是否還有這樣的哲人，突感悲傷。

一個我印象深刻的片段。多托利在前言中說起與高達美相識四十年過程，他在羅馬大學讀哲學博士時，專攻德國觀念論，也去巴黎聽過德希達講康德，但後來還是來到海德堡，因為當時高達美將講授黑格爾。可是，一九六九年他來到海德堡時，高達美辦了退休，他很失望，不知該不該離開，當時年輕又剛剛來到海德堡的圖根哈特（Ernst Tugendhat）教授告訴他，留下來吧，因為高達美那麼熱愛教學與對話，他不可能因為退休就退下講壇。果然高達美還是以退休教授的身分繼續開設了十幾年的課程，後來因為要整理他的全集才停止教學。

多托利說，德希達的德國哲學講課與高達美完全無法相比，不過他也認為因為這是高達美多年深耕的主題，當時的歐洲哲學界應該也無人可在這領域望其項背。正因為如此，全德甚至世界各國的一流學生都來到海德堡追尋與高達美做研究的機會。他說當時高達美的研討班討論水準之高，難以想像。參加的每一個學生後來都成為德國各大學的知名哲學講座。

高達美講座的其中一個學生，來自智利的葛美茲–洛伯（Alfonso Gomez-Lobo, 1940-2011），後來成為美國喬治城大學的哲學教授。某日，他約了去高達美的家拜訪，這首次拜會，師徒聊起來，竟然成為下午到半夜的馬拉松激烈討論。離去時，葛美茲–洛伯致歉打擾了這麼久。高達美的回應，這個有智慧的長者對後輩說的這句話，是我讀過最溫暖的鼓勵：

> 啊，您一定知道：一個柏拉圖主義者，從來就不會對另一個柏拉圖主義者造成什麼困擾。（“Ah, Sie wissen doch: Ein Platoniker stört einen anderen Platoniker nie.”）

20〉教養

有用或無用

有一天，我約好去看牙醫，在公車上時，身旁一位媽媽一直唸她穿著高中生制服的女兒，由於聲音實在不小，我沒辦法不注意她們的對話。女兒好像很喜歡研究某個領域的東西，媽媽訓斥「跟妳說多少次了，不要讀那些沒有用的東西！讀這些東西，以後會餓死！」（以下省略一萬字）我看那女兒一臉氣呼呼，不願跟母親說話。

診所到了，我先下車，沒有聽完對話，不知道後來女兒是不是有什麼反駁。我開始想，什麼是有用、什麼是沒用的東西呢？我這一代的人，真有資格告訴下一代什麼是有用的嗎？難道不是下一代來告訴我們，如何才能適應這個永遠在變化的世界嗎？

我想起自己從小到大，始終讀著無用之書，學做無用之事。當年我高中時從自然組轉到社會組，到大學唸了外交系、政治學碩士、博士，甚至出國讀哲學所，其實沒有想過到底有何用，只是單純地想在頭腦最好的時候做點自己最感興味的研究；而學習德文時，當時只是想能讀讀德國哲學家們自己寫下的東西，也沒想過後來居然靠這個吃飯。時常覺得自己幸運，這樣一個任性之人，畢業後竟也衣食不愁。

不過，能認真讀點看似無用的書，也不一定是全然浪費時間。真的吞進多少東西，都會在生命中的某個時刻起某種作用的。那就是一種「教養」。

法蘭克福的思想史家歐托．佛斯勒（Otto Vossler, 1902-1987）說過這樣的話：「教養，就是當你忘記了你所曾學習過的一切後，還留下來的東西。」（Bildung ist, was übrig bleibt, wenn man alles, was man gelernt hat, wieder vergessen hat）這裡的「教養」，Bildung，指的是養成一個人知識品格的教化育成，那些「有用」的學習，我們也許都會忘記，可是有些東西深入了血液，那被養成的思想、氣性，那使我們成為一個人的東西，會留下來。

古典的教養概念

從這個母親訓斥女兒的無用話語，我想到了關於教養的許多事。

Bildung是一個極難翻譯的德文字，一般翻譯成教育，例如德國主管教育事務的最高機關就是聯邦教育科研部（Bundesministerium für Bildung und Forschung），通常就簡稱為教育部（Bildungsministerium）。但是這個字的意義極為豐富，很難以中文語境下的教育完全掌握。我們常常說的教育，在德文中有不同的字，例如透過教學去培育學子使其成長為健全的人，通常會以 Erziehung 或 Pädagogik 表示。而 Bildung 這個字不只是教學、教育，還有塑造、培養化成等意義，我傾向翻譯為「教養」。討論這個字的意義以及其相關概念，可以幫助我們更深入理解德國教育概念，甚至當代的社會問題。

《布洛克豪斯百科》（*Brockhaus*）這麼定義教養：「人類自然天生精神及身體能力有意識的、按照計畫的發展。而這種發展所達致的狀態也可稱為教養。」從這個定義可以看出，我們相信人類天生具有能力，只是在尚未發展的階段可以透過教學有計劃的引導，使之臻至成熟。

對人類能力的信心，是啟蒙的特色，但是這種信心也受神學影響。根據格林兄弟編撰的《德文辭典》（*Deutsches Wörterbuch*），這個字的字源首先是圖像（imago、bild、bildnis），其次是形態或種類（forma、species、gestalt、gestaltung）。而《哲學大辭典》也強調，教養一開始是型態、圖像的意義，後來從型態圖像也延伸到模仿形成（imitatio, formatio）等概念。確實，教養與圖像（Bild）在字源上的相關已道出了在中世紀的神學及神祕主義裡，教養是在形容人與神的關係，也就是說人是造物主依照自身圖像創造的，是一種複本圖像（Abbildung）。

因此「教養」在很原初的意義上，是帶著神學意涵的想像：神依自身形象造出了人，而教育，就是將人教養培育為符合神形象的被造者。從這個意義上理解德文批評某人教育程度低落的字 bildungsfern ——遠離（fern）教養，亦可理解為所謂無教養（Unbildung），正是一種遠離了、甚至相反於當初神賦予人的圖像。

哲學的教養概念

到十八世紀世俗化後，在人文主義思潮下，教養不再只是人性對神性的模仿形成，而是一種對人類自身能力的信賴，康德在《回答這個問題：何謂啟蒙？》中的立場最具代表性，他高呼：「人要有勇氣求知！」（Sapere aude!）這是對於人類能力、知性與理性的高度信賴。這種「教養」的概念自十八世紀下半葉開始，曾是德國教育的一個關鍵字，也成為一七七〇年到一八三〇年之間德國教育機構現代化的主導概念。

人類接受教育，不是為了學習工作技能，或者為了經濟效益，而是盡可能地將自己培育為全人，甚至，只學習生活必需技能的教育是前現代的教育想像，現代被啟蒙的市民必須在計算、閱讀、書寫等等基本能力之外，也能掌握哲學、科學、文學、藝術、音樂等等培育人格及健全世界觀之學術。這種古典的教育目標也使得傳統通識教育有其必要。

承接啟蒙哲學的「教養」觀，黑格爾在教養概念上大作文章並批判啟蒙。他認為教養是能將「存在對象物」（Gegenüberstehenden）作為對象存在物來把握的能力，這是一種「反思」（Reflexion）的能力，亦即我們在未受教養前，只能感知存在對象物（或者說觀察者的對象世界）的最直接樣態，可是對於這個世界的豐富，我們無從把握，必須透過反思來打破這樣的單純直接，打破那未發展的同一性（unentwickelte Einheit）；他看到的啟蒙教養觀，忽視了這種反思、以及從分裂（Zerspaltenheit, Zerspaltung）來掌握世界的能力。

簡言之，黑格爾的教養，目的是讓主體與客體達成和解與同一階段，受教養的個人能掌握外在世界，最終外在亦為自身世界，神學家蒂里希在《關於黑格爾的講課記錄》（*Vorlesung über Hegel*）的講課稿中就這樣總結教養之意義：「透過愛，生命將一切掌握在自身中，將他者（das andere）以非異在者（Nicht-Fremdes）的樣態與自身同一。」對一個有教養者而言，對世界是有愛的（Amor Mundi），也正因為這種想要理解世界的熱情，世界對他來說，不再是陌生的場所。

換句話說，受教育，使自我能脫離原始天真的自滿，與原來的我維持某種程度的距離（Abstand），藉由這種拉開、反思，去掌握「我」以外的普遍性，原來不同的世界，不再是陌生殊異的。哲學家高達美後來在《真理與方法》中借用黑格爾的這種教養概念，闡述人類的「歷史性」（Geschichtlichkeit），強調人的存有深受其歷史性決定，意思就是：人不只是自然的存在者，而必須從其自然本質，在人文歷史中教養化成，從特殊到能夠掌握具體的普遍性。

半調子教養

一九五九年五月，阿多諾參加了在柏林舉辦的第十四屆德國社會學者大會。在會議中他發表了論文〈半調子教養之理論〉（Theorie der Halbbildung），引來相當激烈的討論，甚至在媒體上引來批評。在今日讀他對教養的分析，竟覺得彷彿只是昨日剛剛發表的評論，如此切合當代，讀來仍然驚心。

這篇論文中，阿多諾在教育的意義上談教養，認為教養釋放了教育的機會，讓市民階級解放，知識與完整人格養成不再只是封建貴族子弟的特權，市井小民因而也能階級流動，獲得在經濟領域與行政領域也能成功的機會。

可是，教養的重要性絕對不只在這種社會功能，它對於個人內在自由精神發展極為重要。教養能使個人的自由精神在社會環境中推動、發展，其實某種意義上也有黑格爾所言讓主體與客觀世界和解的作用。可是個人會因而走到什麼方向？並無一定路徑與目的。也就是說，真正的教養具有自由精神，絕非被某種目標所限定（zweckgebunden）。教養不只使市民階級獲得自由，個人精神也能夠被以自由方式培育。因此他說「教養是自主社會的條件」（Bedingung einer autonomen Gesellschaft）。

這種教養不基於利益而來，而是一種人文培育。因此他說，教養根本無法獲取（erwerben，這個字也有以錢財購得之意），也無法佔有（besitzen），教養／獲取與佔有之間的關係就是自由／非自由的辯證關係。

這種概念下，阿多諾強調一種具有人文知識與能力的文化菁英，教養是一種鑑別與差異，「教養與差異性（Differenziertheit）其實是同一件事」。所以，有教養者因而與無教養者被區分開來。

那種可以簡單獲取、快速佔有的教養成果，阿多諾便稱之為半調子教養。看似受過教育，卻不真正具有人文知識與能力。半調子教養看待世界的方式是機械式的，是因果目的決定一切的，是可以標價衡量知識之益處的，是讓世界為己用；而真正受過人文素養培育者，會以有機的、整體的方式把握世界，是讓自身進入世界。半調子教養追求知識的方式，就是先問有無益處、有無用處，如同那位訓斥女兒的媽媽。

文化國族

教養對德國人來說還有另一種重要的意義：認同與身分。在普魯士統一德國之前，德國從來沒有一個真正確認的政治實體能夠給出德意志認同，但是生活在德意志大地上說德語的民族，並不因此無法認同自己為德意志人，關鍵就在於他們透過文化，將自己凝聚為一個即使政治上分裂、文化上卻統一的民族，因此不管在薩克森王國、巴伐利亞王國或任何其他德意志土地上生活的人民，都毫無困難地能閱讀圖靈根王國的路德聖經、威瑪宮廷裡的歌德詩歌、東普魯士地區的康德著作，並在這些文化經典中找到認同的根基。

這些文化巨人為德意志民族創造的經典及思想，打造了一種超出政治組織之外的文化民族，或者說文化國度，受教育的人民閱讀的就是這些經典，與其說他們是德意志國家的國民，不如說他們都生活在這個學者共和國（Gelehrtenrepublik）裡，將他們打造為德意志人並黏合在一起的就是這些文化財（Kulturgüter）。

正是在這個意義下，德國被稱為「詩人與思想家之國」（Land der Dichter und Denker）。這個國度裡，重要的並非政治意義上的疆界，而是思想的領土。例如，當康德在《柏林月刊》上發表的〈論何謂啟蒙？〉被全德意志民族閱讀時，當歌德的《浮士德》流通全德意志文化區時，那就是一次又一次型塑詩人與思想家之國的關鍵事件。

這些文化財產，也可被稱為教養財（Bildungsgüter）。教養，是德國國族形成的利器。因此，當今日的德國人驕傲的說，德國是「文化之國」，他們應當知道，這個國度建立在無數的經典之中。那些也許不符合當代社會有用標準的經典，卻正是維繫這個國家認同不可或缺的基石。

當代的教養

二〇一七年九月舉行德國聯邦國會大選，社民黨的總理候選人舒爾茲（Martin Schulz）當時提出一個引來許多民眾附和的政見：廢除從幼稚園到大學所有教育機構的學費。這種立場可以看出德國向來對教育的重視。

可是問題是，追求教育就是有教養嗎？何種教育才能教化養成一個文化人呢？

我看到的目前關於教養的發展，趨勢令人擔憂。

首先是學術瘋狂的問題。學術瘋狂（Akademisierungswahn）這個概念由哲學家提出，形容近年來每個人都想讀大學的趨勢。傳統的德國教育把大學定義為學術研究之處，在大學裡學習的動詞是studieren，指的必然是進行學術研究。而學術研究並不適合每個人的能力或興趣，許多人並不願意讀大學，而選擇走向技職體系，培育專業技能，將自身鍛造為職能達人。這些技職人選擇的不是學術研究的教養（Bildung），而是職能學習訓練（Ausbildung），原無孰優孰劣，而是各司其職。學術人才研究基礎學理及高深學問，而技職人才結合理論實務，為德國打造了數百年工藝傳統。德國既是詩人與思想家之國，也是工程師與匠師之國。而兩者，其實都是一種 Bildung。

但是，現在的教育趨勢是學術化——雖然我們都還一直想像德國雙軌教育值得世人學習。德國技職教育相較於其他國家仍是發展得比較健全，但是可以看得出來越來越多中學畢業生選擇進入大學，每年都有新聞報導雙軌制的學習位置申請人數不足，現在的中學畢業生超出一半以上選擇進入大學，十年前還不到三分之一。然而那麼多大學生，就是有教養的嗎？

即使越來越多學生選擇進入大學，但是願意學習、研究人文社會科學的學生越來越少。這原因複雜，其中一個重要的原因在於人文學科無法配合就業市場，因而導致某些學科逐漸失去吸引力。因此即使越來越多青年進入大學，還是有些學科逐漸式微，甚至停止招生。也許我們可以說，許多人進入大學追求的並不是阿多諾意義上的教養，而是建立在計算有用之上的半調子教養。

德國始終還是一個注重教養的文化國家，然而這個時代，我們太少思考究竟真正的教養有何意義？當網路上充滿資訊，當我們只依賴懶人包，人們再無耐心訓練其吸收知識的能力，有品質的思考方式時間成本過高，我們便依賴大量資訊，以便利快速的方式塞滿腦袋，我們是不是離教養越來越遠了呢？

21 〉我們這一代人的良知衝突

——德國弗萊堡大學的「海德格教席」風波

二〇一五年，德國一起發生於弗萊堡大學哲學系的學術事件愈演愈烈，在歐陸哲學界捲起風波。弗萊堡大學在校務會議中決定，將把該校哲學系一個專門講授現象學及其詮釋學議題的教職，改成「青年學者」教職（Juniorprofessur），招聘領域為邏輯學及語言分析哲學。這個決策已經由校長許維爾（Hans-Jochen Schiewer）提交到主管當地高等教育的巴登符騰堡邦政府。媒體披露後，歐陸及美國學界著名哲人紛紛抗議，包括法國解構哲學家儂曦（Jean-Luc Nancy）、美國酷兒理論家巴特勒（Judith Butler）、德國哲學家暨美國藝術科學院院士亨利希（Dieter Henrich）、哲學作家薩福蘭斯基、波昂大學哲學教授加布理爾（Markus Gabriel）及基爾大學哲學系系主任寇內斯曼（Ralf Konersmann）等人，法蘭克福大學社會研究所長霍內特稱此決議愚蠢而荒謬，加布理爾並發動聯署「拯救弗萊堡的現象學及詮釋學」（Save

Phenomenology and Hermeneutics in Freiburg），要求德國巴登符騰堡邦的學術、研究及藝術廳廳長鮑爾（Theresia Bauer）取消弗萊堡大學校務會議決策。迄三月二十五日止已有逾三千位聯署人，抗議的聲音來自全球各地。而日本的海德格論壇（ハイデガー・フォーラム）也在首頁報導此事並呼籲所有關注海德格哲學者都應密切注意後續發展。柏林洪堡大哲學教授暨柏林布蘭登堡學術院康德及尼采研究委員會主席格爾哈特（Volker Gerhardt）更在三月三日以「保留弗萊堡大學的海德格教席」為題致函弗萊堡大學校長許維爾，呼籲三思，切勿傷害德國的哲學傳統。

目前的教席是剛剛卸任的海德格協會主席費加爾（Günter Figal），已屆退休年紀，但是按照巴登符騰堡邦的法律規定，他可以申請延至二〇一七年退休。校務會議已經否決他的申請，並決議在他退休後把這個教席「轉型」為青年教授教職，且教學及研究重點改為邏輯學及分析哲學。許維爾並未明確表示改革的原因。

為什麼一個小鎮大學的哲學教職引起這樣的軒然大波？原因有二：一、將現象學及詮釋學教席取消，走向了邏輯及分析哲學的英美哲學傳統；二、將正規教席取消，改以青年學者代之。

這個被取消、或說被轉型的教職大有來頭，可能是德國人文學界最具國際知名度的位置，該教席的研究領域為近現代哲學史，但學界暱稱為「海德格教席」（“Heidegger-Lehrstuhl”），因為被稱為德國哲學界「祕密君王」的海德格正是在這個位置上奠定其學術聲望，他於一九二八年接下了現象學奠基者胡塞爾留下的教席，發表名動士林的任職演說《什麼是形上學？》（*Was ist Metaphysik?*），重新定義哲學的問題意識。而之後接掌該職位的教授，都必然得處理海德格提出的學術問題，也幾乎可視為備受國際注目的海德格學研究之德國代言者。現任教席費加爾是詮釋學奠定者的大哲高達美高徒，亦是海德格徒孫，曾任國際海德格協會主席。另外他的團隊也負責編輯《海德格詞典》、《國際詮釋學年刊》、《海德格論壇》系列叢書等。每年有來自全球各地的學生及研究者聚集這個黑森林的小鎮，在他指導下撰寫現象學與詮釋學相關論文。

但是，這個教席的歷史傳統其實比海德格的成名更悠久，這個教席十九世紀末成立後迄今一直被標示為「第一教席」（Lehrstuhl 1），形塑了弗萊堡大學最享盛名的學術傳統，當時的教席是著名的新康德主義者李克爾特，也因為他，弗萊堡成為所謂新康德主義西南學派的重鎮。一九一五年他轉任海德堡大學，由胡塞爾接掌教席後，弗萊堡大學便從新康德主義移到了現象學，胡塞爾重新定義知識論、美學等人文思考，革命性地重塑世界與個人的關係。他的門徒中除了海德格，也包括社會學家舒茲（Alfred Schütz）、魯曼（Niklaus Luhmann）、哲學家布魯門伯格（Hans Blumenberg）、法國存在主義者沙特、現象學學者梅洛龐蒂（Maurice Merleau-Ponty）等，這個弗萊堡的教席百餘年來精煉的思想，影響不僅限於全球哲學界，甚至影響了法學、社會科學、教育學及文學等領域。

多年來這個教席只聘用第一流的思想者，胡塞爾一九一六年從新康德主義大將李克爾特手上接下教席時，早已任哥廷根大學教授十餘年；海德格於一九二八年接下教席時，早已是馬堡大學的教授；馬爾克斯（Werner Marx）於一九六四年接下海德格遺下的教席時，已在紐約社會研究新學院任教多年；費加爾接下現在的教職前，也任杜賓根大學的正教授多年。這些思想者吸引了全世界人文研究者的矚目，包括日本京都學派亦深受影響。多年來該教席培養出的學人無數，已經將現象學及詮釋學打造成國際知名的德國學術傳統。洪堡大學的格爾哈特教授便說，他每天都會接到各國學生來信要求他指導學位論文，而其中有許多與海德格思想相關的研究，他向來請學子們去弗萊堡取經，因為弗萊堡在這個領域所奠定的基礎無人能及。所以，弗萊堡大學的「改革」對於許多哲學人來說不只是一個教職的改變，還象徵一個百年錘煉知識體系的中斷。加布理爾三月三日在《南德日報》撰文〈德國精神棲居何處？〉

（Wo wohnt der German Geist?）便說，當年他任教於紐約新社會學院，準備返德任教時，美國同事不解，告訴他，今日的德國精神只能在美國大陸找到。加布理爾嘆，弗萊堡大學的決議，對德國學術界來說是個「醜聞」，也坐實了美國人的說法——德國放棄了康德、黑格爾、尼采、胡塞爾、海德格等這些自家的經典作者，現在的美國大學更重視德國精神。

青年教授制度

另外，再論青年教授問題。

所謂的青年教授，傳統的德國大學制度中並無此設計，依照十九世紀初的傳統制度，研究者取得博士學位後並無法直接擔任大學教授，還必須再追隨教授作幾年研究，寫出獲得學界肯定的「教授資格論文」（Habilitationsschrift），通過後方能取得競逐大學教授資格。換言之，學者實際上必須在博士論文之後出版第二本論文，作為其受德國學術傳統肯定的代表作，品質必須比博士論文更精，取得更難。當然會有少數天才彗星很快通過此階段（例如海德格一九一三取得博士學位後，一九一五年就通過了教授資格論文），但是多數研究者仍必須皓首窮經，例如許維爾校長是國際知名日耳曼文學博士，曾任德國日耳曼學者協會主席，標準德國人文學者精英，花了五年撰寫博士論文，但也花了八年才完成教授資格論文，而現今的「海德格教席」費加爾甚至以十一年時間寫就教授資格論文。德國學界從十九世紀來以此艱難機制確保學術優良品質（也為了遏止當時德國大學販售博士學位的貪腐歪風日盛），然而如此必然造成有志於學術工作者在取得博士學位後仍然要耗費多年時間成本。這條成為教授的漫漫長路，一直是成本極高的全有或全無的賭注；另外，幾百年前奠定的學術制度有其時代背景，當時許多人取得博士學位都在二十歲出頭，學術素質參差不齊，為了確保教授品質，這個「第二本論文」的制度遂被確立，然而今日學習方式已經不一樣，學界對於博士論文的要求極高，甚至不一定輸給教授資格論文，取得博士學位時往往已經三十幾歲。此時空背景變動下，是否仍須堅持舊制？遂引發爭議。

近年來德國進行高等教育改革，更動了某些學術傳統，逐漸朝向美國學制。其中，二〇〇二年引入青年教授制度就是一例。該制度意義在於讓甫獲得博士學位的「青年」（雖然有些人也不再是青年了）能夠避開漫長的撰寫教授資格論文的階段，直接投入教學研究工作，除了減輕正式教授的負擔、確保青年的研究位置外，也以 training on the job 的模式，直接讓充滿教學熱情的青年博士到第一線去累積教學經驗。基本上，青年教授進入了一般教授的工作模式，不再如撰寫教授資格論文的人一樣只是教授的助理，而有自己的研究團隊、決定自己的教學內容。

這樣的青年教授，與傳統教授有什麼不同？兩者同樣都可以冠上Prof.的頭銜，但是，青年教授畢竟不等同於教授，其經費來自聯邦，而非主管高等教育的各邦，因而是類似專案的位置，其合約有期限，最終還是必須取得教授資格後競爭正式教席。

該政策的用意在於，讓青年教授可以在年輕的時候安心教學研究，不用再投入全有或全無的遊戲，撰寫大部頭論文後才開始職場生涯。當青年教授工作滿六年後，即取得與出版教授資格論文後同等的資格。

但是這個制度並非全無問題。質疑者批評政府以專案的方式增加薪酬較少的短約職位，進而暫時擴大了青年博士的就業市場，暫時減少高等研究人才（尤其是人文學科）的失業率（這種作法在其他國家絕不陌生，對於人文學科博士僧多粥少的問題，許多國家似乎除了增加博士後或專案教授這樣的制度，也沒有更有效的機制解決問題）。此外，許多青年教授抱怨，他們必須盡許多義務，卻無法享有一樣權利，例如無權審查教授資格論文，也無權參與甄審委員會。許多大學聘用青年教授以爭取中央補助，卻未給予足夠研究資源。

另外，這個制度也迎來某些傳統派的疑慮，懷疑沒有經過最嚴格考驗的學者，無法證明他／她能夠代表德國學術傳統，波昂大學的校務長就曾經取笑這個制度下將培養出「麥當勞教授」——諷刺學術速食化。擔任青年教授的媒體研究學者庫摩爾–許努（Albert Kümmel-

Schnur）便撰文表示，學界對於以青年教授工作經驗取得教授資格的人還是會有不同對待，在與以教授資格論文取得資格的人競爭時，還是吃虧。因為德國人文學界還是重視一部能夠代表其學術巔峰的巨著，青年教授的教學奉獻只能滿足基本要求，而不被學界重視。因此他建議如果有其他選擇，最好不要考慮青年教授這條路。

所以理論上雖然大家都可以被稱為Prof.，但是青年教授僅在學術及教學生涯的起步階段，無法取代學界傳統對於「教授」作為德國學術代表者的期待，許多學校仍特別註明青年教授為JProf或JunProf。庫摩爾–許努最後還是決定在擔任青年教授的同時，撰寫教授資格論文，他認為，在德國人文學界只有提出這樣的代表作才有辦法真正成為教授，青年教授因為教學奉獻而取得的教授資格，必將被視為次級的學術表現。

就是在這樣的背景下，「海德格教席」被取消，轉而以青年教授代之，而非由一個專精現象學及詮釋學的知名學者繼承道統，才引起軒然大波。許維爾接受《南德日報》專訪時表示，他無法理解改革方案引起的這麼多抗議，因為他認為師資並未被縮減，現象學傳統也沒有被取消——他認為邏輯與分析哲學與現象學密切相關——學生受教權益不受影響。而且，我們無法毫無理由認定青年學者的研究能力不能滿足學術頂尖要求。許維爾雖然振振有詞，但他終究無法回應這個問題：為什麼在有眾多成名的現象學及詮釋學專家學者積極爭取來到弗萊堡時，弗萊堡大學不從這些已經卓有成績的研究者中評選，而非要去找一個非該領域的青年學者不可？倘若不是為了減少人事成本，倘若不是輕忽這門學術的重要性，校方何以決意斷送此建立不易的學術傳統？

德國哲學的陰暗章節

校方的決策其實具體而微地反映了德國近年來的大學改革焦慮。德國長年來享有學術盛名，也以其獨特學術傳統自豪。但是，今日美國大學幾乎已在全世界高教市場中獨領風騷，德國在焦慮之餘，逐漸採用英美制度，例如增加英文授課課程（甚至德國哲學為主題的研討會也曾以英文進行），引入學士、碩士新制，引入青年教授制度，甚至也開始大學排名制並選定「精英大學」重點補助，盼能與英美大學競爭。但是，改革也代表自身學術傳統的轉型甚至喪失。弗萊堡大學校長說他無法理解反彈聲音，校方也發布新聞稿表示，其學術傳統不能因為教席轉成青年教授而被視為中斷，因為沒有什麼學術傳統應該寄託於某個教授上。校長的態度是，必須相信制度，而不是名師，即使取消了這個教席，課程並未取消，這個主題的研討會還是會辦，相關的教學及研究還是會進行啊！他沒有想到，相關的教學研究由一個一般的教授負責，與一個該領域最好的研究者負責，對於學校的吸引力將造成多大的影響；

他沒有想過，一旦這個學術領域交由一般的教授負責，那麼弗萊堡大學與一般的大學有何差異？來自各國的現象學及詮釋學學人，還有什麼誘因來到這個小鎮學習？《法蘭克福廣訊報》便批評，校方無法理解問題之所在，正是最嚴重的問題：「所有的德國大學都希望追求卓越，都想學史丹佛大學，可是，這些大學有太多決策者就是無法理解為何那麼多人對於他們可疑的決策感到憤怒。」

除了這種學習美國制度的心態造成決策者輕易放棄大學自身學術傳統累積的成果外，德國幾家重要的媒體如《法蘭克福廣訊報》、《南德日報》、《世界週報》等文化版亦批評弗萊堡大學的決策背後恐有文化政治因素。幾個文化版的主編均認為，弗萊堡大學似乎有意與海德格思想切割，因為自去年開始出版的海德格《黑色筆記》（*Schwarze Hefte*）系列遺作清楚地呈現了他思想深處頑強的反猶元素。這也是費加爾辭去海德格學會主席的原因——他閱讀《黑色筆記》後，被其中的反猶言論所震驚，他說他雖然能夠繼續閱讀海德格的思想，但是已經無法把自身放在代表這個思想家的位置上。這起辭職事件，為去年以來隨著《黑色筆記》出版後的海德格其人其學之爭論，再掀起了一場風波。《黑色筆記》系列尚未出版完畢，後續將在文化界掀起多少風波仍不可知。而校方這時拒絕了費加爾的延後退休申請，並堅持「轉型」，不能不讓人聯想，校方對於這位於納粹帝國時期擔任校長、也因其反猶立場在終戰後被禁止教書的哲學家，有意劃清界線。（而巴登符騰堡邦由社民黨與綠黨聯合執政的政治氣氛，對於納粹思想遺緒的敵意，也可想像。）

然而，這條界線又豈是那麼容易劃下？海德格在歐洲哲學界的影響力極為巨大，他早在一九二〇年代發表成名作《存有與時間》以前，已經被學生稱為思想王國的無冕王，他的學生包括鄂蘭、高達美、勒維特（Karl Löwith）、優納斯（Hans Jonas）、馬庫色等左右了戰後歐美人文學術界的德國思想家們。另外，也間接影響了非德文區的學者，例如法國將海德格視為影響最大的三H之一（其他兩個是黑格爾及胡塞爾），幾乎可以說列維納斯、梅洛龐蒂、傅柯、德希達等法國思想家都窮畢生之力與海德格對話，而非劃清界線。就連多年來攻擊海德格思想不遺餘力的哈伯瑪斯都稱《存有與時間》是黑格爾出版《精神現象學》後最重要的哲學事件。我們如何能想像一個沒有海德格思想介入的當代西方人文知識界？

海德格的反猶，雖然僅是他思想中的極小部分，但是讀來令人如此不安；而我們能夠簡單避開那些不安嗎？難道不必去「經受」（verwinden）並超克（überwinden）——挪用海德格的詞彙——這些不安，而能夠單純地忽視、遺忘？正是因為他的反動文字不斷被挖掘出來，我們必須更細緻、更孜孜不倦地與之交鋒。此時閱讀海德格，以推動德國思想界的「轉型正義」，更是迫在眉梢。格爾哈特表示他未贊同過海德格的哲學，但海德格的哲學避無可避，那是德國哲學暗沉的一個章節，弗萊堡大學倘若此時放棄，則是對於大學、對於弗萊堡市、甚至對於整個德國知識界都無法估計的名聲損失。薩福蘭斯基也公開批評弗萊堡大學的「遺忘歷史」之姿態，正顯示了我們對於如何面對哲學傳統束手無措。歷史絕不能被簡單地遺忘，歷史必須被理解、被深思、被探問、被克服。

一九六七年鄂蘭寫信給海德格，談越戰時期的美國，她形容越戰與反戰代表了「這一代人的良知衝突」（die Gewissenskonflikte dieser Generation），這個描述似乎正好也可以用來形容戰後深受海德格思想影響的歐陸思想家，或者用思想史家理察．沃林的說法「海德格的孩子們」。海德格的朋友們或孩子們都深知那段哲學家與獨裁者親近的歷史，也長年與這個良知衝突鬥爭，這個超克的過程中誕生了無數深沉的作品，豐富了弗萊堡的、以及德國的哲學傳統，也揭示了思想深處存在著的危境。深受那些解構思想魅惑的我們，面對作為納粹黨徒的海德格之尷尬，都站在思想的深淵旁直面這危境。某些歷史中陰暗的章節，是我們這一代人的良知衝突，必然要與之對話與鬥爭。我們避無可避，我們早已深陷其中。

（本文初稿發表於獨立評論@天下「德意志思考」專欄）

22〉不安時代中人文社會科學的困境

不安的生命

一個引起軒然大波的新聞：政大校方擬推動新進教師必須實行英語授課課程。英語化並非目的，而是爭取國內及國外有限高等教育資源的手段，這是以企業經營方式看待高等教育的必然結果。這是一個盈利至上的時代，所以政大如同臺灣其他各大學必須擴大其資本（與他校合併遂成為最快速的擴大企業規模方式），必須擴大其市場（因此必須著眼於國際學生）、必須強化其勞工競爭力進而強化企業競爭力（教師因而須具備國際化能力—其實是英語授課能力以及在外文期刊—其實是英文期刊—發表論文的能力）、並且必須降低成本（例如針對「學習型」與「勞僱型」兼任助理的微妙區分、停聘工讀生改以「志工」方式取代傳統工讀生的勞動內容、政大去年甚至召開課程精實會議擬減開部分課程）。

這不只是政大的問題，也不只是臺灣的問題，而是全球教育市場的業者與消費者都在當代「不安社會」中尋求出路之嘗試。「不安化」（Prekarisierung）、「不安」（Prekarität）成為近年來德、法社會學界時常被討論的概念。這個字原來指不安穩的勞動狀態，例如相對於穩定工作合約的一種隨時可能被取消的、或者只拿得到短約的僱傭關係，在古羅馬法中已有Prekarium的概念，指一種特別的借貸關係，借貸物可隨時被要求歸還，到了現代則指稱不穩定的勞動關係。這種不穩定，造成受僱者隨時可能失去經濟保障，進而成為脫離勞動與社會連結的邊緣者，因此這種不安狀態不只是經濟領域，也是全面性的生活狀態、生命情境的不穩定。

法國社會學家布迪爾（Pierre Bourdieu, 1930-2002）曾於一九九七年以「不安在當代無所不在」（la précarité est aujourd'hui partout）為題演講，分析這種全面的不穩狀態，造成個體生活在社會中的分崩離析，馬克思時代呼籲的勞動者團結以爭取勞動權益，在今日派遣勞動、打工、短約等等各種差異化、不安化勞動環境下，更無團結可能。勞動者因在不安情境下只能看到眼前的生存機會，遂無能於對未來提出籌劃，不管是個人的或是社會的未來，因而無政治行動或組織的可能。布迪爾指出，不安化因此成為一種權力機制，規訓了每個不安狀態中的勞動者，因為企業在「彈性化」口號下致力降低成本，為讓勞動者「自願」接受降低成本，便不斷提示勞動者，失業的風險永不可能排除，這些全球化中的跨國資本因此藉由這種機制，影響了生產、文化、政治領域，當然，也包括教育。

在這個永遠不安的狀態中，學習者必須在這一套規訓機制裡，尋求出路。必須就讀配合產業界的科系，讀了「冷門」科系必須想方設法轉系，讀了熱門科系必須把時間分配給有用科目（例如研究所考科或國考必考科目），選讀有用科目時必須選擇「有用」教授開設的科目（例如研究所或國考出題閱卷老師）……。從學校開始，就清楚地感受到了我們擁有的是一種動盪的生命。閱讀柏拉圖、學習拉丁文、精研樂理……，這些非實用技藝之學習，成為當代不安勞動市場中難以負荷的奢侈。

無用之學

教育市場的傾斜、不安，是全球現象。《時代週報》的報導〈人文社會學科：對於自由思想者的攻擊〉（Geisteswissenschaften: Angriff auf die freien Denker）中，記者探索了近年來世界各國大學逐漸將人文社會科學邊緣化的情形。日本筑波大學德文系教授暨系主任相澤啟一，某日接獲信件，要求他必須調整系上的結構與課程，提供更實用的教育，以適應社會。那封信中甚至提到取消人文社會學科的說法，相澤啟一憤怒不已。這封信來自下村博文、安倍內閣的文部科學大臣，主管全日本教育及科學研究。

下村博文不只致函筑波大學表達他的「關切」，也寫給其他六十所國立大學。下村博文對日本社會的想像是：日本必須在工程及科學上領先他國，例如在機器人科技的研發上；而日本的社會面對老年化困境，需要更多照護人力以及適應老年化的相關學術研究與教育，因此，哲學、社會學、語言學等人文學科，不再能符合日本的需求。

相澤啟一憤怒，但是大學的決策者卻不是。二十六間大學收到這封信後，立刻表示將配合下村博文的計畫，將發展重心放到自然科學上。筑波大學也已經宣佈未來十年內將取消人文社會學科二十%的位置，包括相澤啟一退休後的遺缺。

人事結構改革只是對於人文社會科學攻擊的一部分而已。相澤啟一表示，以往他申請研究計畫可以自行決定研究題目，但近年來，文部科學省卻要求他必須清楚具體說明，為什麼這樣的研究是「有用的」。

不只在日本，記者也報導了英國的類似趨勢。倫敦政經學院的哲學教授史皮克曼（Kai Spiekermann）說，自從二〇一四年英國通過「卓越研究綱領」（Research Excellence Framework）後，他就不斷被要求，必須說明其研究具有何種「影響」（impact）。這對人文研究者造成莫大壓力，因而在決定研究題目時，都必須考量如何衡量此研究對於現實世界的影響，再加上大學面對自籌經費的壓力，基礎理論研究於是越來越被邊緣化。

德國也不例外，近年來德國教育政策的討論中，「可產生價值」（Verwertbarkeit）成為流行詞彙，或者，用更時髦的、更不遮掩的英語概念：「可被僱用」（employability）。

蘭花之學

德國的高等教育也在全球化中逐漸轉化，以強化其競爭力。傳統的六年制學制愈來愈少，許多大學依照美國系統開設了學士及碩士新式課程；英文愈來愈常被用以作為工作語言，英文課程愈開愈多；大學開始學習英、美排名方式，搞起菁英學府，在高等教育預算分配上也朝向菁英化方向；而某些招生不易的科系，也面臨停辦命運。

德文中有一個字：Orchideenfächer，意思是蘭花之學科。這並不是在研讀花草種植的學問，而是指那些看起來沒有實際社會功用的、不符合產業需求的學科。這種學科如同蘭花一樣，除了美麗高雅、增添氣質，無實際用處，但是又需要投入大量時間、精力照料。哲學、漢學、音樂、文學等等學科都常常被稱為「蘭花之學」。

在當代高等教育政策的討論中，學界以「小眾學科」（kleine Fächer）指稱這種蘭花之學。西方古典學者曾重視七藝（septem artes liberales），修得文法、音樂、天文、修辭等等七門學術，方成為自由有教養者。可是這早已經是遙遠的教育理想，在這個危殆社會裡，成為勞動者比成為自由有教養者更加重要。人們不再願意、或能夠負擔花費時間、金錢後找不到工作的危險，求學時會避免產業不需要的科系，也造成某些學科愈來愈小眾，甚至停止招生。這已經是全球趨勢，也影響了德國的高等教育政策。為了評估小眾學科的發展及影響，學界也發展此類研究，例如萊茵法爾茲邦教育廳委託麥茵茲大學執行「小眾學科研究計畫」，希望知道高等教育在當代面對的挑戰，以及可能的出路。

而這些年來，隨著勞動市場的不穩定化，也隨著高等教育預算的不均化愈來愈嚴重，所謂的小眾學科愈來愈廣，今日幾乎所有就讀人文社會學科的學生都被問道未來打算何去何從，政治系、社會系、外文系……等等都被認為是蘭花之學，或者更糟的，連古典優雅都沒有，對大部分人來說只具備無用的特質，因為這個「知識經濟」的時代，一切知識價值必須被轉換為數字，可盈利的數字；一切學習都必須有價值，一切學習者都必須可被僱用。

當年我赴德讀書，一心想深入了解、掌握德國文化與語言精華，便順理成章在一個深究德國文化精髓及高度要求德文知識的學系註冊：哲學。彼時我仍是個衝動浪漫的少年，不顧一切選讀了一門標準的蘭花之學。而我的哲學家同學們，除了已有工作再進修的人外，有部分與我一樣衝動浪漫，部分卻只是因為想讀大學所以踏入了哲學系這個沒有限額的科系（即所謂Numerus Clausus）。但不管是哪一種人，談到未來的出路時總是有些尷尬。教授們說，在這個科系裡學習的批判思考、語言能力、閱讀及寫作能力等等，都是未來找工作的資本，部分同學認真讀著康德，相信未來總是會有出路；部分同學不在意，自嘲地說在德國最多哲學系畢業生去開計程車。而某一日，我在公布欄裡看到，下個學期起音樂理論系停止招生，已就讀的學生必須轉系或轉校，下課時同學們討論著，聽說數學系是下一個目標。

當年那些同學後來怎麼了呢？我只知道其中一位聰明優秀無比的學姊讀完博士寫了教授資格論文，真的成為哲學教授。而其他沒有那麼聰明、沒有那麼努力、沒有那麼幸運的人呢？

維持姿態如此困難

二〇一一年，一本短暫激起討論的書道出了當代人文學科的困境。《排隊：我領失業救濟金那一年》（*In der Schlange: mein Jahr auf Hartz IV*），作者馬勒（Thomas Mahler），一個受過良好教育的柏林青年，大學讀的是哲學及文學，找不到正職工作（他寫道：我認識的所有哲學系畢業生，沒有人能夠找到固定全職工作），去餐廳當服務生，以打工方式維持自己的生活，並且努力寄出求職信，期盼找到第一份全職工作，結果全部石沉大海。後來腳受傷，無法繼續餐廳的工作，一番掙扎後，決定申請失業救濟金。這本書就是他在依賴失業救濟金一年後寫出的，記錄了他如何面對家人的不諒解，如何面對朋友善意卻傷人的問候，如何每天在鏡子前質問自己的價值，如何在就業局穿越層層官僚作業規定，如何為了滿足失業救濟金要求參加那些他認為一點幫助都沒有的求職輔導課程，如何去從事那些無意義的時薪一歐元工作。排隊領失業救濟金的歷程，完全改變了他的生活、他的心態、他的自我認同，原來他以為這只是一個短暫的過渡，但是依賴社會福利的同時，他越來越怯於寄出求職信（「要如何在我的履歷以及面談裡交代我這段領取失業救濟金的時間呢？」）。一年後，他終於找到一個短期工作，也決定把這自我懷疑的一年寫出來。

從自信到自我懷疑，這也許是大部分大學人文學科畢業生在今日的勞動市場共有的經歷（根據就業局資料，德國八成以上的人文社會科學學生，無法在剛剛畢業時找到穩定工作）。不過受過大學教育者去領取失業救濟金，畢竟還是少數，可是情況絕不樂觀，許多人在短期契約、打工、半職、低薪實習、勞動派遣……等各種不安情境中勉力維持著生存；而那些依靠福利國家力量存活著的人，許多也難脫離依賴，陷入了黏著化命運，形成德國社會一代接著一代的救濟金世代（Hartz-VI-Generationen）。馬勒（暫時）擺脫了他的命運，不被黏著於處在產業結構、社會結構、科技發展、經濟挑戰等等巨變之中的勞動社會的邊緣底層，可是，他的同世代人們，有多少人擺脫得了？

很巧地，二〇一一年德國書市同時出版了另外一本「田野報告」，探究奉獻給人文領域的人如何在不安處境中生存。庫爾曼（Katja Kullmann），在法蘭克福大學讀政治學、社會學及美國研究，畢業後從事新聞工作，但一直是特約記者。她在二〇〇二年出版《艾莉異想世界的世代：為什麼今日當一個女性如此困難》（*Generation Ally. Warum es heute so kompliziert ist, eine Frau zu sein*），討論一九六五到一九七五年間出生的世代，這是婦女解放運動後出生的第一代，不用再負擔其母輩的女性命運，卻無法在當代安身立命。這本書尖銳深入，成為暢銷書，也為她贏得隔年的德國書籍大獎的專業書籍類獎項，使她在三十歲出頭成為德國文壇與女性研究領域不容忽視的新銳作家。

然而她並未從此一帆風順、衣食無缺，如同多數的文字工作者，她無法僅僅依賴創作過活，而必須在各種短期計畫、演講、稿約之間流浪。後來，她繳不起房租，被房東驅趕，甚至必須去電話行銷中心打工。二〇〇八年，她踏上了申請失業救濟金的路。

二〇一一年，她將領取失業救濟金的經歷寫作成書《真實的生活：為什麼今日維持姿態如此困難》（*Echtleben. Warum es heute so kompliziert ist, eine Haltung zu haben*）。庫爾曼在書中創造了一個詞「新的成長後的生活」（neu-erwachsenes Leben）：我們長大成人後必須離開兒時的想像，進入成年，可是我們成年時依然會有一些想像，有時你必須面對，你的生活也許建立在某些脆弱而虛幻的基礎上，如同這個自拍社會裡，我們那麼樂於用各種濾鏡創造出各種華麗的自己，並暴露在各種社群媒體中建構這個迷幻美麗的認同。當這些影像幻滅時，你必須再次成長，這就是這本書的主題。

「新的成人」（Neue Erwachsene）在生命中早已經歷過一次解放，他們生平第一次可以決定自己要學習什麼，要與誰談戀愛，一切似乎都那麼美好，你的出身、財富、性別都無法阻礙你對未來的希望。這是自我實現（Selbstverwirklichung）的世代，解放後的自我追求與個人風格的堅持，造成文化創意產業蓬勃發展。可是，在不安化的社會裡，這個世代許多人無法在穩定的經濟關係中找到確認自我的可能時，原來認為自己是文化創意產業之創作者，必須在創作時考慮市場接受度，產業面凌駕了創意，工作凌駕了生活。

自由創作者、設計師、約聘教師、助理、程式設計師……，愈來愈多人依賴個案計酬的薪資，愈來愈多人壓低自己的價碼、權益、理念、創意，只為了生存下去。庫爾曼稱這是「後受僱者現象」（Post-Angestellten）——借用德國社會學者及作家克拉考爾（Siegfried Kracauer, 1889-1966）於一九三〇年出版的描述柏林工業化時代勞動者的名著《受僱者》（*Die Angestellten*）。她那一代的人，尤其在創意經濟中，不管是自願或非自願，開始習慣彈性僱用關係，並將此稱為自願（Freiwilligkeit），或者自由（Freiheit）。

而更複雜難解的問題是，面對那些當代社會的不正義，這些「自由者」該採取什麼樣的姿態？上一代的人明確地建立了他們自己的對與錯的分際，也知道如何對抗，即使他們的對抗最後可能落敗、無效、被遺忘。我們的父輩母輩們，在工人運動中、學生運動中批判社會不公，而這個時代？我們不再確知左派、右派、自由主義、保守主義的界線何在，我們不丟雞尾酒炸彈，我們創一個臉書專頁表達不滿。

於是，在這個時代，要維持一個我們原來那麼堅持的姿態——不管是經濟意義上或是理念上——是如此困難。

近年來，臺灣高等教育的未來似乎讓每個在這個產業的人都憂心不已。哲學系多數學生都想轉系，全國哲學系主管為此憂心，聯名致函政府盼重視此問題並在中學課程強化哲學教育；臺灣的博士們西進中國開疆闢土，體驗彼岸高等教育的「狼性」。臺灣社會似乎已經把人文社會學科邊緣到極致了，而我們並非特例，我們也踏在全球化的學術發展趨勢上，與歐美國家面對一樣的問題——那些歐美國家一樣沒有解決的問題。

可是怎麼辦？國內外的人文社會科學領域決策者面對困境時的因應之道大約是：或致力產業化道路，或擴大需求，為傳統學科創造新價值（例如搭上創意經濟、數位化，尋找產學合作契機，如人文學科的畢業生為拓展全球市場的企業提供外語訓練及跨文化能力訓練等。而近日文化部長注意書店營收、編輯與創作者收入問題，我認為是好事，現在雖然如何能解決這些問題尚不明朗，但倘能提升整個出版業的產值，也能紓解人文學科的壓力）；或者重新整合科系，尋找新的研究及招生領域〔例如德國就有音樂學系與亞洲研究合作學程，或者近年來推動的傑出研究學術群計畫（Exzellenzcluster）〕；或乾脆減少師資與招生名額，全然配合產業界發展（例如日本文部省決策；例如倫敦的亞非學院裁減了某些少數語言研究的名額）；或者將市場放到國外（例如各大學的國際化、英語化，例如強化對海外或陸生招生）。

這是從政策規劃者的角度思考，可是那些仍然著迷於人文社會科學的學子們呢？既然維持自我的姿態如此困難，我們還能以什麼樣的姿態面對這個時代？熱愛那些蘭花之學的學子們，都帶些堅持、浪漫與熱情，而這個世界不能沒有這些特質，也不可能要每個人都放下柏拉圖、莎士比亞、歌德等人的著作，轉換跑道去造汽車；可是我也認為，我們必須在自我追求與跟社會共處中找到一定的平衡。挪用哲學家黑格爾的說法，「現代」的特質就在於個人與其社會、政治世界終於達致「和解」（Versöhnung），也許這是一個正確的姿態。不那麼非如此不可，不是完全堅持全有或全無，而能試著去與世界和解，在自我實現的過程中，也能試試看發展與社會對話、適應社會的面向，而不堅持社會必須全然適應我們——或者用庫爾曼的說法，接受美麗照片背後的自己的真實生活。至於這個和解姿態是否能成功？會通向什麼地方？我沒有答案，前述這些讀了「無用學科」之人也沒有提出答案，他們只是用盡自己的力氣，奮力地在這個不安的社會裡持續書寫與思考，為自己的生命尋找出路。

（本文初稿發表於獨立評論@天下「德意志思考」專欄）

23〉那個躁動的漫長夏天
——德國左派青年反叛史

破損生活的出路何在？

從這段故事可看出那個年代的歐洲多麼不安。

一九七七年十二月的某日，柏林一家飯店大廳裡，三男一女熱烈地討論著「紅軍旅」（RAF）的問題，飯店的其他旅客聽到了討論，報警表示：這四人看起來「非常左派」、「危險」，多次談到「恐怖攻擊」字眼。柏林警方特勤單位很快來到，逮捕四人審訊。這四個人並非極左恐怖分子，而是法國哲學家傅柯、他的伴侶德福特（Daniel Defert），以及「梅爾夫」出版社（Merve）負責人情侶巴黎思（Heidi Paris）及根特（Peter Gente）。

旅客的不安其來有自，那一年是德國左翼恐怖主義的高峰，矢志不惜一切代價瓦解資本主義體系的紅軍旅，於七月三十日在法蘭克福殺害德勒斯登銀行理事會發言人彭托（**Jürgen**

Ponto）；九月五日在科隆綁架了聯邦雇主協會主席施萊爾（Hanns Martin Schleyer），射殺了四個隨扈，並將之囚禁到十月十八日後殺害。德國政府進入緊急狀態，這個「德國之秋」（Deutscher Herbst）震驚了全國。難怪傅柯等人高聲議論左派時，顯得如此可疑。

他們當然不是恐怖分子，但是，也許他們確實對於戰後的德國來說構成了某種「危險」。那是個每個人都躁動不已的年代。在課堂上、街頭上，青年人們求知若渴地閱讀馬克思、毛澤東與馬庫色（學運理論基礎的三M，Marx, Mao, Marcuse），對於晚期資本主義社會失望；或者閱讀傅柯、巴特、德希達等等，在一九六八年時也與巴黎的左派一起站上了街頭；或者閱讀法農（Frantz Fanon, 1925-1961）對於殖民主義、帝國主義的激烈批判。一整個世代的德國青年都那麼憤怒、焦躁，都從理論或實踐上探索這個社會如何可能有更好的出路。其中有極少數失望而怨恨的人採取了血腥攻擊途徑，被整個共和國視為恐怖分子。而其他多數人則選擇了一種個體化的逃離方式，在思想上及生活風格上存活於社會體系的邊緣。

那個從六〇年代末到八〇年代大約二十年的理論探索以及生活方式實驗，其實沒有影響整個世界的持續資本主義化、帝國主義化、殖民主義化。但是，在對話、對抗的過程中，留下了許多非常不一樣的思想風景，也影響了許多親身經歷的人的一生。近半年來，德國出版市場上不約而同地出現了討論那個年代的專書，有些是歷史記述，有些是自傳，有些是學術史、知識史的研究。文學評論者波帝格（Helmut Böttiger, 1956-）便評論這種出版現象認為，對於七〇年代的重新探索，代表著我們現今對於「另一種生活方式的渴望」（Sehnsucht nach Alternativen）。

其中一本書是洪堡大學的史學家菲爾許（Philipp Felsch, 1972-）於二〇一五年三月出版的《那個漫長的理論夏天：一九六〇到一九九〇年代反叛的歷史》（*Der lange Sommer der Theorie: Geschichte einer Revolte 1960 bis 1990*）。這本書闡述一段思想接受史，勾勒出了當年的德國青年們如何產生這種「另一種生活方式的渴望」，甫出版即被提名入選萊比錫書展獎專業書籍類決選名單，頗受矚目。

他描述一九六五年前後的德國大學場景：青年們不滿於戰後德國的生活處境，開始借助古典社會學理論思考當下的社會問題及出路，但是那些十九世紀的社會學理論處理的對象，又與當下的脈絡有一些出入，青年們發現了一種新的詮釋老理論的社會學派，既維持馬克思主義的批判高度，又引入了晚期資本主義文化觀察，且探索了令青年人著迷的「解放」命題——那就是「法蘭克福學派」。尤其是阿多諾的博學、天才、著述能量使他成為法蘭克福社會研究所的明星，根特寫道：「阿多諾當時質問了一切先前的生存方式」，學生們聚集在他身旁，同樣質問自身的歷史，形塑了戰後德國的重建知識基礎的重要部分。菲爾許稱這個戰後的重建中的德國為「阿多諾共和國」（Bundesrepublik Adorno）。

這是戰後德國青年對於社會理論的熱情之起點，一九五六年聯邦憲法法院宣判共產黨違憲以及東德共產黨因素，使得西德地區對社會批判抱持熱情的人不可能再採取共產主義的進路，學子們將目光從馬克思、恩格斯轉向法蘭克福以及鄰國。就是在這樣背景下的七〇年代，法蘭克福的舒爾康（Suhrkamp）出版社密集地出版了許多政治社會理論著述，法蘭克福學派、後結構主義、系統理論等一本本的單色平裝書，站上了每一個學生的書架；而一九七〇年代根特與巴黎思這對左派情侶在西柏林創辦的梅爾夫出版社，去巴黎帶回了社會、政治、哲學的最新思想，出版了一系列精神分析、馬克思主義、藝術文學等等理論叢書，暢銷全國。這些七〇年代的出版社催生了新的觀看世界的方式，《明鏡週刊》便稱那一代的學子們是「舒爾康與梅爾夫的孩子們」。在這本書的一開章，菲爾許就引用了根特與巴黎思的話，說出了當時一整個世代的渴求：「我們都是著了迷的讀者。」

於是，愈來愈多德國學生開始閱讀義大利馬克思主義、法國後現代及後結構主義的艱澀抽象理論，並進而改變了一切生命經驗，因為這些理論不僅是對知識的追求，還挑戰了迄今為止一切熟悉的生活方式。大學生們人手一本的阿多諾的《最小限度的道德》的副標題，就叫做「從破損生活而來的反思」，當時大學生們視戰後德國為破損的社會，尤其西柏林作為一處政治的例外之處，絕不正常，每個人都在思索這種破損生活的出路何在，遂把目光轉向了巴黎，寫就了法國理論在德國的「接受史」。傅柯、德希達、德勒茲、巴特、布希亞、李歐塔等在文學、政治、哲學、社會運動等邊界上書寫的作者，成為德國的學術明星。學生們接受了法國的後結構主義思考，質疑傳統德國學院研究中對於真理的追求。他們關切的不是永恆不變的真理，而是社會制度、論述構成中隱藏的權力關係，以及重新構造關係、結構及體系的可能性。權力、逃逸、逾越、解構、遊牧等等成為流行字彙。

追尋左派青年的生活軌跡

這些年輕人們汲取了來自法國或義大利的社會理論或法蘭克福學派的解放論述，如何將這些抽象奧祕的文字轉成日常生活實踐？康斯坦茲大學歷史系教授萊夏特（Sven Reichardt, 1967-）於二〇一四年出版的專書給出了一個詳盡的圖樣。這本《本真性與共同體》（*Authentizität und Gemeinschaft*），副標題是「一九七〇年代到八〇年代初期的左派另類生活」（Linksalternatives Leben in den siebziger und frühen achtziger Jahren）。厚逾千頁，改編自他的教授資格論文，是一本大部頭學術論著，然而出版後沒多久即二刷，實屬學術書籍中暢銷者。

萊夏特對於當代史中的邊緣者的生活軌跡非常感興趣，早在二〇一〇年就編輯過一本論文集《另類的生命情境，一九六八年至一九八三年間德國及歐洲反中產階級生活模式及左派政治》（*Das Alternative Milieu. Antibürgerlicher Lebensstil und linke Politik in der Bundesrepublik Deutschland und Europa 1968-1983*）。這本書的封面是一張左派運動分子圍在餐桌聚餐、工作的照片，桌上散佈著食物、飲料、文稿、編輯中的雜誌，以及一尊毛澤東雕像。書中描述一九六八年左派運動及學運之後，跨越整個七〇年代，在西德的左翼者生活在怎樣的情境中，這些對於社會有著類似想像的戰友們如何組成共同體，力圖克服當代資本主義社會的異化狀態，而能夠在左派團結中實現真正的自我。萊夏特記錄了各種不同的社會試驗，例如公社、共同財產制、共決的民主決策方式，以及左派共同體發展出的集體勞動方式——經營酒吧、咖啡店、書店、農場、幼兒學校、辦報、發行雜誌等。

而《本真性與共同體》同樣描述那個躁動的時代：高等教育問題、德國政府在越戰以及殖民主義問題中的態度、中東的六日戰爭、希臘的政變、軍政權上台等，都讓一整個世代的德國青年那麼憤怒，思索著這個社會如何可能有更好的出路。他們不滿當時冷戰秩序下的歐美集團，認為這樣的國際政治氛圍與跨國資本主義形成強固的共犯結構，質疑那個體制下的生活形式，但是紅軍旅以暴力革命動搖資本主義的游擊隊理論途徑又被證明不可接受，青年們遂盼望以另類的共同體模式創造新的社會——用當時他們吸收的理論來看，他們是在質問社會的結構，以及探索結構的邊界。他們聚集在各種社會運動中，例如反核能運動、女權運動等，他們中的許多人都曾是毛主義者，但是後來看清了文化大革命並非更好的未來的保證，他們轉而思考其他非激進、卻又非順服的生活可能性。例如改造空間關係：女權運動者設立無數女性咖啡館，打造女性主義基地。許多人聚集租屋，組成「居住共同體」（Wohngemeinschaften）、公社（Landkommunen），顛覆傳統小家庭形式，主張打破家庭內權力壓迫關係；或者一九八〇年代初期在柏林爆發「佔屋」運動（Hausbesetzungen），挑戰買屋囤地的資本累積邏輯；又例如進行合作社、公產共食等生產模式，七〇年代約有一萬八千個不同另類生產經濟計畫進行，十萬人以上參與探索非資本主義式的生產及流通邏輯。

這本書蒐集許多資料，作了無數訪談，既深且廣地描繪了那個時代的左派生活情境，以及如何漸漸地過渡到八〇年代後的新右派執政下的時代。萊夏特探索了當時的柏林、法蘭克福、海德堡三個左派聚集的城市。尤其是柏林，從納粹時代就被希特勒視為紅色首都。冷戰時期，許多左派青年為逃避兵役義務，從全西德各地聚集到西柏林，也使西柏林成為各種激進政治意見及社會實驗的前衛城市，例如柏林邦的情報機構即在一九八二年的報告中稱西柏林為全西歐的「體制外運動」最重要、最活躍的城市。至於法蘭克福則以六〇年代的學生運動著稱，「德國社會主義大學生聯盟」（SDS）總部就設在此。當時的霍克海默（Max

Horkheimer, 1893-1973）、阿多諾、哈伯瑪斯等社會理論家帶領的法蘭克福學派培育出了無數戰鬥性強的學生運動者，這些學生們佔領了課堂，將法蘭克福大學改名為卡爾・馬克思大學，反國家、反市民社會，最後甚至批鬥了阿多諾；另外，法蘭克福幾百年來的市民階級塑造出的自由思想、多種族與文化環境，也使法蘭克福成為重要出版與媒體重鎮——於是成為菲爾許筆下左派理論搖籃的舒爾康出版社之基地。在這種氣氛下，也使得綠黨在法蘭克福茁壯，最後爆發各種生態環保運動、反核能運動等。學生運動研究者斯坦穆（Karl-Heinz Stamm）便為這兩座城市打造了一個傳神的稱謂：「脫離者的隔離區」（Aussteiger-Ghetto）。

萊夏特從分析左派環境或氛圍、習性（Milieu、Habitus）著手，認為當年的這些運動者之所以「脫離」社會，是因為他們相信在當下社會裡，他們已被異化，無法達致真正的自我，因此他們需要體制外的另一種可能性。當時大罷工、大革命或者游擊隊路線失敗後，左翼只能以另類共同生活方式試圖克服被異化的宿命，這就是對於「本真性」的渴求。萊夏特認為，類似的精神可以從十九世紀的波希米亞運動看出，當時的文人們、藝術家們反對市民生活、習性及精神，追求最本己之物（das Authentische），也嚮往某種烏托邦式的激進政治行動與無政府主義。他深受傅柯作品影響，以傅柯的「自我之照護」之主體實踐哲學來分析，這些左派青年們如何從政治參與、生活空間爭取、以及精神及身體解放等層面「自我實現」。這大約跨越了二十年維度的青年們從新的理論得出的邏輯與傳統馬克思主義不同，他們不從階級入手，反而視自身解放為社會革命的前提；先改變主體意識，才改變客觀存有；先為自己畫出逃逸路線，才找得到社會的出口。

德國六八學生運動領導者杜區克（Rudi Dutschke, 1940-1979）的理論導師布洛赫曾提出一個著名的命題：在馬克思主義中存在著「冷流及暖流」，「冷流」（Kältestrom）強調理性指導著行動者，這種馬克思主義注重客觀社會條件、經濟條件分析，以作為革命行動的方針；至於「暖流」（Wärmestrom）則是將關注焦點放在人道主義、反抗壓迫與剝削、追求個人解放等較具烏托邦色彩的理想。萊夏特指出，「暖流」貫穿了七〇年代、八〇年代的左派實驗，然而，即使宣稱放棄階級，左翼仍然必須面對這個難題：追求本真性、個人解放的同時，他們仍然必須組成某種形式的共同體，否則，逃逸路線可能只在性解放、毒品以及激進音樂中發生。

然而，即使以各種共同體形式進行了幾萬種公社實驗，那個長達二十年之久的躁動夏天最終還是結束了，所有的另類生活形式或生產方式差不多都消逝，當年左派學子們看到的破損生活，今日更加破損。我們面對著更複雜的社會結構問題、更難解決的生態災難、更不平等的跨國政經系統（臺灣還得面對國族認同困境），而學子們與那些七〇、八〇年代的著迷的讀者一樣仍然閱讀著解放的理論，在每一個抗爭現場進行各種政治實驗。齊澤克、皮克提等當紅批判學者也遊走全球提出其對不公平財富分配狀況的審視。二〇一五年三月十八日全歐洲的抗議者擁至法蘭克福歐洲央行新大樓前，青年們發動「佔領」（Blockupy）、燒警車、丟擲汽油彈、砸毀電車站，在街頭上塗了「公社不死」字樣。可是，今日的人們，又能在當年已嘗試過的逃逸路線之外，再往哪裡走去？

義大利左派理論家葛蘭西（Antonio Gramsci, 1891-1937）曾說，舊的世界已經消逝，新的世界難產，而我們正生活在當下這個怪物的世界。今日德國出版市場對七〇、八〇年代的興趣，正是在未來希望始終難產的狀態下，對於舊世界的鄉愁，可是，那個世界最後終於被這個怪物的世界吞噬；無論是德國或法國的理論家、運動者，都那麼努力想「在錯誤的生活中，過著正確的生活」（挪用阿多諾語）。他們成功了嗎？如果沒有，這一代又如何能夠？

也許，一九六八年五月的巴黎學生運動，學生們在街上的塗鴉已經寫出了唯一的可能：「要認清現實，但得要求那不可能的事物」（Soyez réalistes, demandez l'impossible）。

（本文初稿發表於獨立評論@天下「德意志思考」專欄）

聯經文庫

萊茵河哲學咖啡館：康德、黑格爾、馬克思、韋伯、海德格、高達美、鄂蘭……的心靈地圖

2019年2月初版　　定價：新臺幣390元
2020年10月初版第二刷

著者　蔡慶樺
叢書主編　林芳瑜
校對　宇宏
內文排版　林淑慧
封面設計　兒日

副總編輯　陳逸華
總編輯　涂豐恩
總經理　陳芝宇
社長　羅國俊
發行人　林載爵

出版者　聯經出版事業股份有限公司
地址　新北市汐止區大同路一段369號1樓
叢書主編電話　(02)86925588轉5318
台北聯經書房　台北市新生南路三段94號
電話　(02)23620308
台中分公司　台中市北區崇德路一段198號
暨門市電話　(04)22312023
台中電子信箱　linking2@ms42.hinet.net
郵政劃撥帳戶第0100559-3號
郵撥電話　(02)23620308
印刷者　文聯彩色製版印刷有限公司
總經銷　聯合發行股份有限公司
發行所　新北市新店區寶橋路235巷6弄6號2樓
電話　(02)29178022

行政院新聞局出版事業登記證局版臺業字第0130號

本書如有缺頁，破損，倒裝請寄回台北聯經書房更換。　ISBN 978-957-08-5256-1 (平裝)
聯經網址：www.linkingbooks.com.tw
電子信箱：linking@udngroup.com

國家圖書館出版品預行編目資料

萊茵河哲學咖啡館：康德、黑格爾、馬克思、韋伯、海德格、高達美、鄂蘭……的心靈地圖/蔡慶樺著．初版．新北市．聯經．2019年2月（民108年）．
336面．14.8×21公分（聯經文庫）
ISBN　978-957-08-5256-1（平裝）
[2020年10月初版第二刷]

1.西洋哲學　2.通俗作品

147　　107023896